ゲーム理論はアート

社会のしくみを思いつくための繊細な哲学

松島 斉 Hitoshi Matsushima

日本評論社

序文

社会や日常のくらしが、どのようなしくみで成り立っているのか。このことをもっと「本質的に」わかりたいと思っている読者のために、私は本書を書く。

このような読者は、今の生活が生きやすいものではないことに、それとなく気付いている人にちがいない。そして、日常のしくみがもっとわかれば、もっと良い生き方を開拓できると、ひそかに期待している人にちがいない。

このような読者の期待に少しでもこたえるため、私は書くことにしたのだ。

本書は、多岐にわたる経済や社会の問題を扱うことになる。以下にリストアップされた問題がすべて考察される。考察を通じて、社会のしくみをとらえる「眼力」が鍛えられる。

- 経済の繁栄はどのようにしてなされるか。
- ヒトラーに代表される全体主義は日常的に起こりうるか。

●監視社会といわれる現代において自立的に生きるにはどうしたらいいか。
●貧困を救済するにはどのような困難を乗り越えなければならないか。
●高度な資本主義社会においてバブルや危機がどのようにして起こるのか。
●日本社会にはどのようなタブーがあって、どのように弊害をもたらしているか。
●情報化社会においてイノベーション（技術革新）はどうとらえられるのか。
●どうしてハラスメントは起こるのか。
●テロリストから国民を守るにはどのように対策を考えればいいか。

これらの問題には共通点がある。それは、ただやみくもにその詳細を調べ上げても、事の本質に迫れないばかりか、かえってますます混乱していくような難題だということだ。ならば我々は、「つかず離れず」のスタンスをとって、問題を調査するための「基本方針」をきちんと定めていかないといけない。きちんとした方針があれば、調査はぶれることなく、事の本質に迫ることができるはずだ。

こんな基本方針は、論理的に首尾一貫した、社会のしくみを簡潔に表現する「社会理論」でなければならない。そして、方針をどのように定めるかは、まるで芸術家が作品を生み出すような、創造的作業になる。

我々は、芸術家がすばらしい作品のアイデアを思いつくように、社会のしくみを思いつかなければならないのだ。

社会のしくみを思いつくという芸術的、創造的行為は、どのように実践されればいいのか。本書は、このような行為の実践の在り方を、できる限りわかりやすく解説したい。そして、このような行為の実践は、「ゲーム理論」という名の数学を使うことによって、理想的になされることを解き明かしたい。

ゲーム理論は、問題の背後に潜む社会のしくみを、簡潔で首尾一貫した「数学」に見立てる。この数学を、社会のしくみをとらえるための「仮説的モデル」として、具体的な調査や問題解決のための基本方針に据えるのだ。

ゲーム理論の真骨頂は、日常と空想のはざまで仮説的モデルを思いつこうとする、その創造的、芸術的行為にある。こんなゲーム理論は、社会と芸術の関係性をもとめようとする「現代アート」の、さまざまな試みの中でも「最強」のアプローチの1つだ。ゲーム理論の仮説的モデルは、数学であるがゆえに、相互に、自在に、比較検討することができる。先にリストアップされた社会問題はすべて、仮説的モデルを通じて比較検討できる。このことが、ゲーム理論が最強アートたりうる所以となる。

例えば、金融市場のバブルと、職場のハラスメントは、まったく異なる次元の問題であるにもかかわらず、まったく同じ仮説的モデルによって説明される。悪夢のような全体主義と、善意にあふれるはずの貧困救済は、まったく異なる次元の問題であるにもかかわらず、まったく同じアイデアにもとづく仮説的モデルによって説明される。

異なる社会問題が比較可能になるという、こんな「ゲーム理論マジック」は、良い生き方を問い続ける読者を大いに元気付けることになる。なぜなら、このマジックによって、社会や日常のしくみについての視界はもっと開かれて、地に足がついた気分になれるからだ。生きにくい社会にありながら、ごまかしや偽りのない人生を送りたい、自立的な自由をもとめたい、そんな素直な気持ちを、強く後押しすることができるからだ。これらこそが、本書の目指すべき目的になる。

これらの目的のため、本書には、必然的に、ゲーム理論を使って社会を考えるための入門書の役割が課される。そのため、随所において、「今までのゲーム理論」、「ゲーム理論の現在」、そして「これからのゲーム理論」がていねいに解説されることになる。

「今までのゲーム理論」については、ゲーム理論が経済学という学問に大きな貢献をしてきたことを解説することが中心的話題になる。「ゲーム理論の現在」については、ゲーム理論が有用であることと、計算機科学などの他分野との学際的研究が大事になることが中心的話題になる。

そして、「これからのゲーム理論」については、ゲーム理論を、経済学からはなれて、より広く「社会理論」に位置づけるためのアプローチが中心的話題になる。本書は、社会理論としてのゲーム理論の可能性にとりわけ主眼を置く。だから、いたるところで、ゲーム理論の将来についての展望が述べられる。

本書は、あまたあるゲーム理論の教科書とは趣を異にする。ゲーム理論の教科書は、ゲーム理論の「数学」をていねいに解説する。しかし、本書は、数学を解説するのではなく、ゲーム理論を使って社会を考えていく「会話言語」の在り方を解説する。

形式論理にあまりとらわれない、ゲーム理論家の自由な会話の内容を、テーマごとにまとめて、つまり「キュレート（curate）」することによって、ゲーム理論の面白さをどんどん解説していきたい。本書は、新しい読者層のための新しい入門書だ。だから、数学や専門的概念を詳しく理解することを、ほとんど必要としないのだ。

目次

第1部

アートとしてのゲーム理論

はじめに

ゲーム理論は芸術（アート）である。

ゲーム理論は、社会のしくみを簡潔に表現する「仮説的モデル」を、さまざまに作り出す学問である。仮説的モデルを、具体的な問題の調査や解決に役立てていく学問である。

こんなゲーム理論の真骨頂は、社会のしくみを白日の下にさらすような、新しいモデルのアイデアを次々と思いつく、その「創造性（imagination, creativity）」にある。私は、この創造性ゆえ、ゲーム理論をアートとみなすのだ。

本書の第1部は、創造的、芸術的行為という観点から、ゲーム理論とは何か、ゲーム理論の可能性とは何かを解き明かしたい。

本書全体を通じて、ゲーム理論を、今日までの主要な分析対象であった「経済学」を超えて、もっと広く社会科学全般について分析する「社会理論」ととらえることにしたい。そのため、第1部においては、ゲーム理論についての新しい入門の仕方を提示したい。

第1部は、第1章から第4章までの4つの章で構成される。第1章は、私の個人的体験から話を起こし、芸術、社会科学、そしてゲーム理論とは何かを、順を追って紐解いていく。社会科学の理論の理想的な姿とは何かについて熱く語りたい。ゲーム理論は、経済学の「悪しき」レトリックからうまく逃れられるならば、もっと理想的な社会理論になるはずだ。そんな理想的なゲーム理論は、社会と芸術との関係性を重視する立場にとって「最強アート」に君臨するはずだ。

第2、3、4章は、読者のみなさんが面白いと感じずにいられないような、社会のしくみについてのさまざまな話題を、ゲーム理論によって上手にキュレートして（まとめあげて）、わかりやすく解説する。これらを通じて、みなさんは、ゲーム理論を使って社会のしくみを考える体験をすることになる。ゲーム理論が社会理論としてさらに発展していくことの大切さを知ることになる。

第1章 ゲーム理論はアートである

アートに出会う

ラウシェンバーグのモノグラム

小学校低学年の1968年ごろ、私は、親から与えられた『少年少女学習百科大事典』(学習研究社)で、モダンアートの洗礼を受けた。ピカソ、ムンク、キリコ、ダリといったアートの巨匠たちが、いきなり幼い心に飛び込んできたものだから、刺激が強すぎ、気味悪さと恐怖のあまり、寝付けない日々が続いた。しかし、気が付けば、私はこんなモダンアートのとりこになっていた。

このことを親戚のどなたかに話すと、「この画家たちはもう古い。今の芸術はたいへん盛り上がっていて、舞台の中心はアメリカだ」そうだ。そこで突き付けられたのが、ロバート・ラウシェンバーグという、当時の気鋭のアーティストの、「モノグラム」という作品だった(写真1−1)。

これはもはや、いわゆる絵画ではない。自作の油画の上に、古びたヤギのはく製が置かれて、ヤ

写真１―１：ロバート・ラウシェンバーグ「モノグラム」［“Monogram” Robert Rauschenberg, 1955-1959. ©Photo: Moderna Museet / Stockholm］

ギのお腹には、これまた古びたタイヤがまかれている。なんとも奇妙なオブジェだ。

私は当時、ＳＦ漫画の巨匠である手塚治虫の、「Ｗ３（ワンダースリー）」が好きだった。「Ｗ３」とは、ビッグ・ローリーという大きなタイヤが、主人公三人（三匹）を中にのせて、猛スピードで走りまくる人気漫画アニメのことだ（図１―１上）。きっとモノグラムのタイヤも、ヤギをのせたまま、猛スピードで走るにちがいない。

同じく手塚アニメの代表作「鉄腕アトム」には、人間や動物を、架空の物質電送機を使って、瞬時に別の場所に移動させる話がある（図１―１下）。このヤギも、この電送移動によって、偶然タイヤにはめ込まされたにちがいない。ヤギにとってこのタイヤの乗り心地は、ビッグ・ローリーのように、まんざらでもなさそうだ。

当時の私は、他の子供たちと同じように、手塚治虫の大ファンだった。また、手塚治虫の影響か、無邪気な「科学の子」でもあったのだ。

こんな風にいろいろ妄想するうち、気が付けば、私は、科学ではおよそ説明がつきそうもなさそうな、「タイヤにはまったヤギ」のとりこになっていた。

コンバイン・アート

「モノグラム」のように、廃材を組み合わせて作品をつくる技法は、コンバイン・アートといって、ラウシェンバーグのオリジナルらしい。ならば、私もこのコンバイン・アートとやらにチャレンジだ。

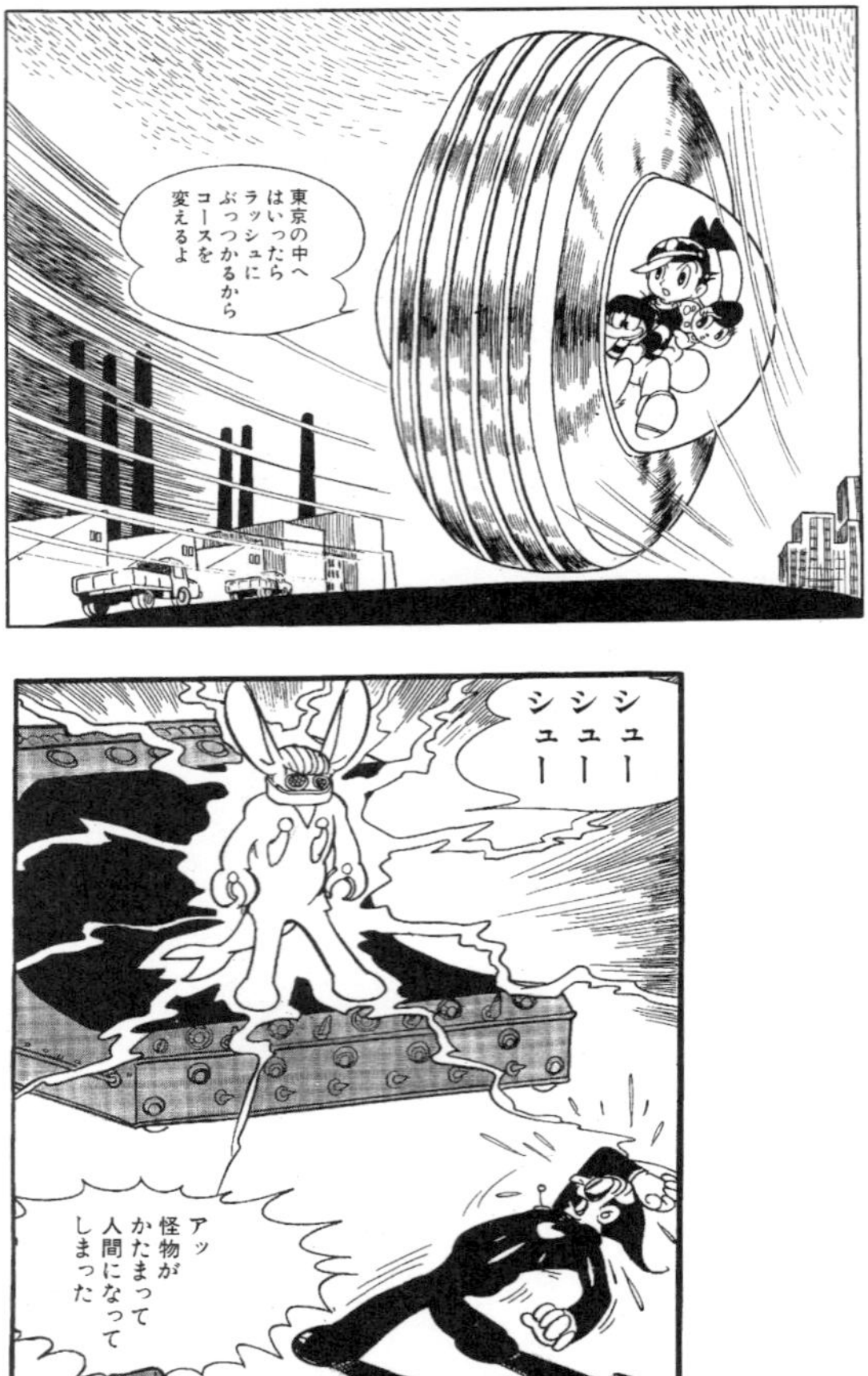

図1—1：(上) W3（ワンダースリー）とビッグ・ローリー［手塚治虫『W3』第2巻（秋田書店）より］（下）鉄腕アトムと電送移動［手塚治虫『鉄腕アトム』第9巻（秋田書店）より］© 手塚プロダクション

まずは、お菓子の木箱やごみを貼り合わせて、私のオリジナルの「原始人の家」をこしらえてみた。この出来栄えがよかったので、今度はもっとそれらしく見せようと、ごみをていねいに切って型取って、ブロックおもちゃのまねごとを工夫してみた。もっとリアリティーを追求してみたかったわけだ。しかし、これではモノグラム独特の面白さからどんどん離れてしまうことに気付くと、わけがわからないまま、そのうち飽きてしまった。

しかし、その後大分たって、ラウシェンバーグは、若くしてアメリカ人として初めてヨーロッパの大きな展覧会のグランプリを、この「モノグラム」によって獲得したとかで、時の人だったと知るや、私は、多感な青少年として、もう一度「モノグラム」と対面してみることにした。*1

今度は、私の「原始人の家」とは異なり、「モノグラム」のタイヤとヤギは、もとの形を維持したままコンバインされていることに気付いた。タイヤとヤギはどのような意味合いで関係しているのかが気になりだした。

どちらも共通して、以前は商品であったはずだが、今となっては任務を終えた廃材にすぎない。しかし、2つがこんな意表を突く形で組み合わされると、今まで気付かなかったような、さまざまなイメージを体験できるようになる。

例えば、タイヤもヤギのはく製も、ともに生産されたものである。だから、どちらにも労働が投入されているはずである。タイヤとヤギの背後に、人々のかかわりについての何らかのイメージが浮かびあがる。しかし、ともに商品としての役目は終えている。ならば、見る側は、商品価値という先入観から解き放たれ、もっと奔放な発想によって、日常にかかわるさまざまなイメージを、モノグラムから引き出すことができよう。

経済学者カール・マルクスによると、資本主義経済では、人々はみな「物神崇拝（商品フェチズム）」という集団催眠に陥っているとのことだ。社会的関係は商品価値の関係に偽装されているため、人々のかかわりあいの本当の姿が見えにくくなっているというわけだ。

モノグラムは、こんな集団催眠を解き放って、隠された社会的関係の本質を、我々に気付かせようとしているかのようだ。[*2]

ラウシェンバーグ曰く、

芸術は愛である

絵画（作品）は、芸術（アート）と日常の両方にかかわっている。どちらも作り出すことはできない。ぼくはその間のギャップで行為しようとしている。[*3]

「芸術」と「日常」を「空想」と「現実」に置き換えるなら、この芸術家は、空想と現実のはざまにおいて「新しい何か」を創造していることになる。

芸術家は、過去の作品や技法、解釈、比較などといった、芸術にかかわるもろもろのことが有機的に結びついた総体、言うならば芸術の「カルチャー（文化）」を背負う存在である。こんな芸術家は、カルチャーと現実をぶつけあうことで、創造的行為をおこなっている。この創造的行為によって、芸術家は、爪痕を残すように、空想を作品という「見える形」に仕立てていくのだ。ここで、私が作品を爪痕と形容するわけは、こんな芸術家にとっては、作り出した作品よりも、創造的行為そのものに価値があると考えるからだ。

ではなぜ、このような芸術家は、こんな創造的行為に駆り立てられるのか。そのわけは、芸術家は、一見浮世離れしているように思われるけれども、実は、現実に対していつも無関心ではいられないからである。ならば、「芸術は愛そのもの」ではないか。

こうして、ピュアな青少年だった私は、芸術家のように、創造的な仕事をすることを生活の糧としたいと、本気で考えるようになっていった。

誤解のないように、芸術とは何かについての私の見解を、少し補足しておく。私は芸術を、社会的関係に位置付けてとらえようとする。そのため、多くの芸術作品は私の関心から除外されることとなる。

例えば、ムンクの「叫び」やピカソの「アビニョンの娘たち」を見ると、我々は、深層心理に触れ、視覚だけにはとどまらないような、さまざまな感覚をも刺激されるだろう。このことは、絵画鑑賞の楽しみの重要な部分を占めるだろう。しかし、これらは、私のここでの関心事にはならない。
私は、20世紀以降の芸術（現代アート）が、資本主義、近代主義、合理主義、全体主義、情報化社会、監視社会などといった、社会的関係のさまざまな側面に、強く触発されて今日に至っていることを、とりわけ重視したい。この関係性にこそ、現代アートにおける芸術的行為の本質があるからだ。[*4] ラウシェンバーグのモノグラムは、この本質の、1つのアイコンである。[*5]

社会科学者になりたい

思いつくということ

東京大学に入学した私は、「社会科学者として創造的な仕事をしたい」と考えるようになっていた。大芸術家が傑作を次々と発表するように、社会の隠された病理を暴くような、新しいアイデア満載の、社会理論のモデル（社会のしくみの本質を明らかにする、よい簡潔な説明）をどんどん思いついて、人々にあっと言わせるような影響を与えたい。

では、新しいモデル、あるいは新しいアイデアを思いつくとは、いったいどのようなことか。

まず、すでに知られているモデルに照らして、現実を眺めてみよう。そして、この既存のモデルにそぐわないことが観測（observation）されたとしよう。ならば、この観測をうまく説明できるような、新しいモデルがほしくなる。つまり、「よし、新しいアイデアを思いつくまでがんばろう」ということである。

ここで私が観測と呼ぶのは、例えば、日常的な観察、人生経験、そして内省的な思考実験のことである。あるいは、既存のモデルは、現実に当てはまることもあれば、当てはまらないこともある。ならば、当てはまらない時のために、あらかじめ新しい別のモデルを考案しておこう、ということでもよい。

我々が求めるモデルの新しさは、状況を詳細に記述することによっては得られない。そうではなく、我々は、仮説的であるがために、一見荒唐無稽に思えるかもしれないが、実は汎用性の高い、新しい、本質的な何かをモデルに求めるのである。

しかし、日常的な観察や人生経験や思考実験だけを頼りにしていては、よい観測に出会えないかもしれない。よく知らない領域にこそ、社会の本質が隠されているというものだ。だから、身の回りのことを超えて、データに潜む規則性を、実証的に明らかにすることも、とても大事になる。

こうして、もし観測された規則性が既存のモデルにそぐわないならば、新しいモデルがほしくなる。よし、新しいアイデアを思いつくまでがんばろう、ということになるわけだ。

では、いったいどうやって、そんな新しいモデルを思いつくことができるのか。その奥義は、とにもかくにも考えることだ。そして、いい文献を読み、できる人と会話する。ふらふら散歩し、カ

演繹的推論	帰納的推論	**仮説形成推論**
モデルからどのような性質が導かれるかを論理的に明らかにする	データからどのような規則性が導かれるかを実証的に明らかにする	**既存のモデルに反する出来事がある場合、その出来事を説明できる新しいモデルを思いつく**

表1—1：3つの推論形式

フェに入り浸る。そしてひたすら、考える、考える、考える。

こんな説明ではまるで雲をつかむようだが、ほかによい言い方が、どうも思いつかない。

仮説形成推論

19世紀後半に活躍したアメリカの哲学者チャールズ・サンダース・パースによると、新しいアイデアを思いつく作法は、仮説形成推論《アブダクション》(abduction)といい、演繹的推論や帰納的推論といったおなじみの推論とは区別されるそうだ。

演繹的推論とは、モデルからどのような性質が導かれるかを、論理的に明らかにする推論である。帰納的推論とは、データからどのような規則性が導かれるかを、実証的に明らかにする推論である。

これらとは区別して、仮説形成推論は、既存のモデルに反する出来事がある場合、その出来事を説明できる新しいモデルを思いつくための推論のことである（表1—1）。この仮説形成推論こそが、社会科学を創造的行為、芸術的行為にまで高める原動力になる。[*6]

しかし、こんな仮説形成推論は、どうにも非科学的に聞こえるのだからこまったものである。実際、科学的方法についての古今の論客たちは、面と向かってはこの推論をあまり話題にはしてこなかったようだ。

例えば、経営学者サイモンは、仮説的モデルに頼らず、あくまで現場での問題解決にこだわった。サイモンによると、創造的行為といわれている人間活動の多くは、機械的なヒューリスティックスに落とし込むことができるのだそうだ。*7

しかし、人間活動の最も重要な部分は、そうはならず、人間以外にはできない仕事として残るだろう。この残された部分にこそ、本質が宿る。

経済学者フリードマンに至っては、科学的方法には「理論なき計測（帰納）」と「計測なき理論（演繹）」の二種類しかないという、ずいぶん乱暴なレトリック（修辞技法）を使っていたようだ。*8

しかし、こんな風に、仮説形成推論に背を向ける人たちは、得てして、この推論の達人だったりするのだから始末に悪い。

意地悪な言い方をするならば、こんな人たちは、自分の学生を、創造的行為からなるべく遠ざけて、自分の理論の信奉者にでも仕立てようとしていたのではないだろうかと勘繰りたくなる。

さて、パースは、仮説形成推論を、探偵の推理（guessing）に見立てた。探偵は、直面する事件の犯人がだれかについて、仮説をたてて、その仮説をもとにいろいろ調査していく。すると、途中で、この仮説に反する事実に出くわす。この事実のわけをさらに推理して、仮説形成推論によって新たな仮説を練り直して、調査の仕方を変えていく。これを繰り返していけば、いずれ誰が犯人かを突き止めることができるかもしれない、というわけである。[*9]

しかし、私は、社会科学における創造性をこのような探偵の推理にたとえるアナロジーは、ここまでにしておくべきだと提案したい。

探偵は、捜査の途中で変更された仮説をゴミ箱に捨ててしまうだろうが、よい社会科学者であれば、そうはせずに、それらを次の機会に役立てるため、上手にファイルして、大事に取っておくはずだ。過去の芸術作品が、人々の記憶と記録の中に末永く大事に保管されるように、である。

しかし、このファイルの保管の仕方をどうするかは、あなどれない難題になる。このことについては後述する。

影響を与えるということ

新しいモデルを思いつくことによって人々に影響を与えるとは、いったいどういうことか。

それは、もっと踏み込んで具体的な問題の調査や解決をしたい人に、問題の本質がどこに潜んでいるのか、問題の本質にどのようにアプローチすればいいかについて、「よい手助け」をすることである。

具体的な問題に携わる人は、何らかの仮説的モデルを出発点とすることによって、はじめて問題の核心に迫ることができる。よい仮説的モデルを土台に据えなければ、やみくもに調査したとて、オリジナリティーあふれる研究にはなかなかたどりつけない。

一方、仮説的モデルを創造する側には、次のような覚悟が必要になる。現実に全く背を向けて、既存のモデルを機械的に拡張するだけなら、そのうち社会科学は枯渇してしまう。だから、そうならないように、自分の経験や人生観、外部の観測などを、社会科学にどんどんぶつけていかないといけない。

共通言語がモデルを生成する

では、このように影響力のあるモデルはどのような体裁であるべきか。まず、それは、あくまで仮説的であり、特定の状況にはあまり縛られず、むしろさまざまに解釈できて、広い応用範囲をもつべきである。

そして、重要なことには、他のモデルとどのように異なるかについて、いつでもきちんとつじつまのあう説明ができないといけない。そうでなければ、具体的な問題について仮説的モデルのどれを土台にするかをめぐって、満足のいく比較検討ができない。

これらの要請をみたすため、すべてのモデルは、共通の、論理的な、何らかの「形式言語」にもとづいて形成されることが望まれる。共通言語があれば、どのモデルについても、その解釈如何にかかわらず、首尾一貫した説明を論理的に提供できる。そして、異なるモデルの違いをも、論理的に説明できる。

さらに大事な点は、こんな共通言語があれば、過去のさまざまなモデルや技法、解釈、比較など、社会科学にかかわるもろもろのことが有機的に結びついて、社会科学の「カルチャー」が確立されることにある。

よい社会科学者は、このカルチャーを背負う存在になる。そして、芸術家のように、このカルチャーと現実をぶつけ合うことによって、創造的行為をおこなう。この創造的行為によって、爪痕を残すように、空想を、モデルという作品に仕立てる。

こうして、理想的な社会科学は、芸術になり、愛そのものになるのだ。

会話と形式論理

注意すべきは、社会科学のカルチャー自体は、このような形式言語ではなく、あくまで「会話的な言語世界」にあることだ。社会科学者は、形式言語にもとづいてモデルを作るために必要となる専門用語を、たくさん開発し、習得する。そして、社会科学のカルチャーにおいて、それらの専門用語を自在にあやつって、仲間と会話したり、自問自答したりしている。

20世紀前半に活躍した哲学者ルートヴィッヒ・ヴィトゲンシュタインは、このような言語活動を「言語ゲーム」と呼んで、形式論理とは厳格に区別したそうだ。[*10] ならば、社会科学のカルチャーは、言語ゲームである。ここでは、形式論理の枠を越えて、自由に会話が展開されている。

そのため、理屈の通らないような悪いレトリック（つじつまがあっていないのに、あっているかのようにだまして、相手を説得すること）も、日常的に横行することになる。しかし、そんな言語ゲームの無節操さゆえに、研究者は、窮屈な形式論理から解き放たれて、創意あふれる新しいモデルを思いつくことができる。

逆に、モデルの作成に関しては、形式論理が徹底されることになる。悪いレトリックやだましに、できる限りつけいる隙を与えないようにするためだ。そして、よい研究者は、この形式論理にいつでも立ち返れなければいけない。

しかし、こんな厳格なモデルといえども、生み出されるやいなや、すぐにカルチャーにもどされ、言語ゲームの中に息づくことになる。もし形式論理がなければ、研究者の言語活動に歯止めがかからなくなる。社会科学のカルチャーはいずれ蛮行の巣と化す。

形式論理の世界は、論理的にはつじつまが合っている。だから、我々は、この世界においてはあたかもすべての問題が解決されているかのような「錯覚」に陥りがちになる。しかし、そうではない。本質は、あくまで社会科学のカルチャーにおける創造的行為にある。

ゲーム理論のすばらしさ

ゲーム理論が最強アートである

私は、たくさんの仮説的モデルが比較可能な仕方で次々と生み出され、社会科学のカルチャーがどんどん豊かになることが、社会科学の理想的な在り方と考える。こんな理想の実現には、モデルを柔軟に生成できる雄弁

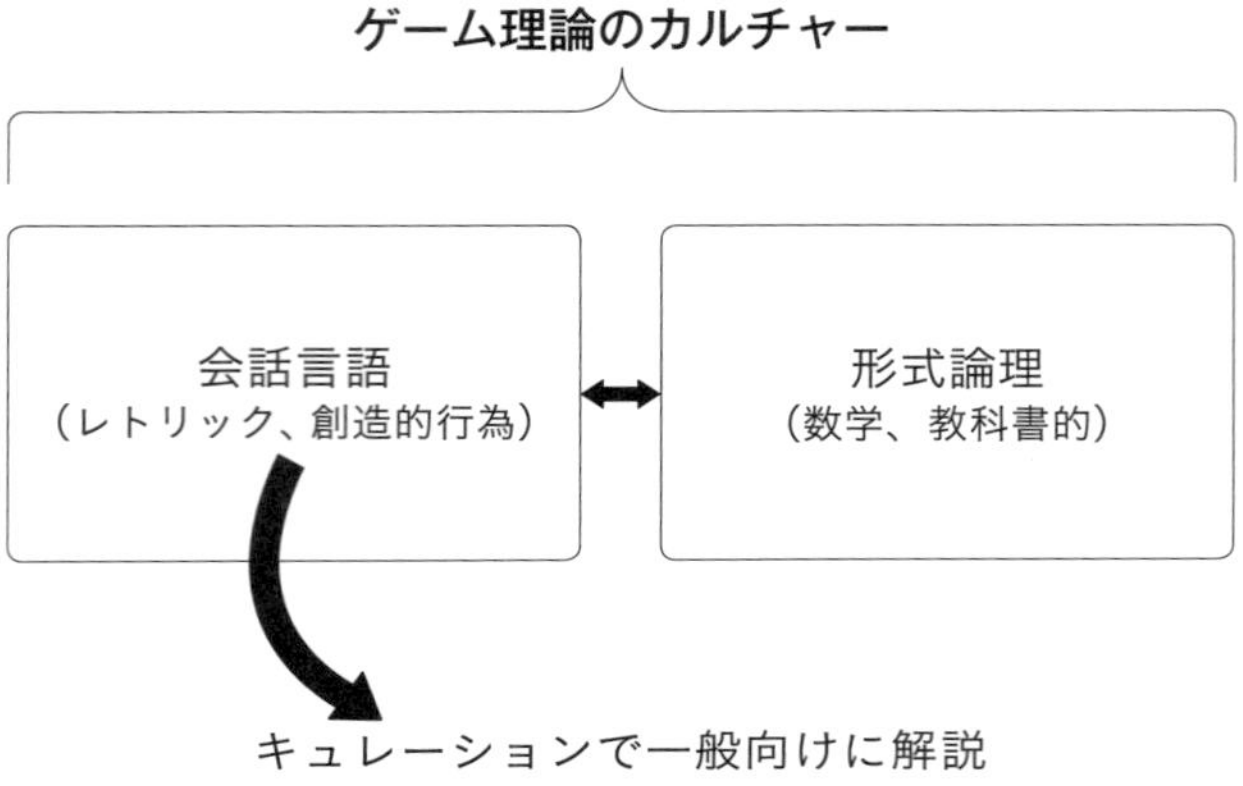

図1—2：アートとしてのゲーム理論

な形式論理の言語の存在が不可欠である。

そのような形式言語は、いったいどこにあるというのか。

私が、学部生を経て、大学院に進学して、見つけ出した答えこそ、「ゲーム理論」に他ならない（図1—2）。そして、ゲーム理論以外には、私はいまだに何も思い当たらない。

ただし、ゲーム理論の現状ではなく、そのポテンシャルについて、私はそう思うのである。私の知りうる限り、ゲーム理論だけが、社会科学における最強のアートになるポテンシャルをもつ。しかし、後述するように、ゲーム理論の現状には、克服するべき問題がある。

ゲーム理論とは何か

私がなぜゲーム理論が最強のアートになるポテンシャルをもつと考えるかについて、解説しよう。

ゲーム理論とは、狭義の意味においては、社会を、チェスやサッカーといったゲームの仲間に見立てて、独自のアプローチで分析する数学のことだ。そして、ゲーム理論は、実に柔軟かつ雄弁な形式言語である。

チェスを例にとろう。チェスのプレーヤーは2人で、先手と後手に区別され、順番に駒を動かしていく。駒の動かし方には規則がある。チェスがいつ終了するかについても規則があり、ゲームの終了時点で勝敗が決まる。

チェスのルールは、ゲーム理論によって詳細に記述することができる。チェスのプレーヤーが具体的にどのように駒をすすめるかについても、ゲーム理論はその詳細を記述することができる。ただし、これは骨の折れる作業になろう。なぜなら、あまたある駒の配置ごとに、どの駒をどう動かすかを逐一生真面目に決めていかなければならないからだ。

次に、サッカーのことを考えてみよう。サッカーは2チームでおこない、各チームは11人のメンバーからなる。各チームにはキーパーが1人いる。他のメンバーはというと、ええと、ええと、だんだんわからなくなってきた。

残念ながら、私は、サッカーのルールをあいまいにしか知らないようだ。この紙面上では無理だが、サッカーをゲーム理論によって記述することは（おそらく）可能なはずだ。だから、ゲーム理論という形式言語は、どんな複雑なゲームをも書き下すことができるほどに、柔軟かつ雄弁だと、まずは言いたい。
しかし、こんな自慢話は、ゲーム理論が本来あるべき姿から、我々をかえって遠ざけてしまう。我々は、こんな詳細な記述に終始していては、社会の本質にたどり着けないことくらい承知している。社会はおろか、チェスやサッカーについてさえ、これでは何も知りえやしない。

PK戦

そこで今度は、サッカーの一局面にすぎない「PK（ペナルティーキック）戦」を切り取って、それだけを考察してみよう。すると、我々は、ゲーム理論のあるべき姿に急接近することができる。

PK戦は、キッカーとキーパーの2人からなるゲームである。キッカーは左に蹴るか右に蹴るかを、キーパーは左に飛ぶか右に飛ぶかを、ほぼ同時に決める。同じ方向が選ばれればキーパーの勝ち、そうでなければキッカーの勝ちだ。

PK戦は、チェスやサッカー同様、雌雄を決するゲームである。しかし、PK戦は、プレーヤーがどのように行動するかについて、チェスやサッカーよりも、はるかに説明しやすい単純なゲームである。そのため我々は、PK戦から、サッカーの枠を超えて、現実の社会にありそうな、雌雄を決する対立局面を、さまざまにイメージすることができる。

ならば、PK戦は、社会の問題解決を手助けする有望な仮説的モデルになると期待できそうだ。そして、実際にその通りなのである。このことは、第2章「キュレーション1―PK戦からテロ対策へ」で詳しく解説する。

我々はさらに、世の中には、ＰＫ戦ではうまく説明できないような対立局面がたくさんあることも観測するだろう。ならば、ＰＫ戦に代わる新しいモデルがほしくなる。よし、新しいゲーム理論のモデルを思いつこう、となるのだ。

こうして、我々は、ゲーム理論における「創造的行為」という核心部分に近づくことになる。ゲーム理論の形式言語は、ＰＫ戦のような、よい仮説的モデルをさまざまに生み出すことができるという意味において、優れた柔軟さと雄弁さとを兼ね備えている。

ゲームの参加人数や各プレーヤーの役割をどう設定するか。誰がどの順番でプレイするか。プレイする際にどのような情報を得ているか。ゲームはどのくらい長く続くか。プレーヤーは、どのような目的でゲームに参加しているのか。プレーヤーは、そもそもゲームのルールを知っているのか、などなど。ゲーム理論は、仮説的モデルを作る際に注文される、これらすべての要望に対して柔軟に対処できる、雄弁な形式言語なのだ。

さらに重要な点として、ゲーム理論は、プレーヤーがゲームにおいてどのように行動するかについて、首尾一貫した、よい説明を提供してくれる。もう少し踏み込んで言うと、よい説明のためには、「合理性（rationality）」、「知識（knowledge）」、さらには「社会性（sociality）」という3つの観点からの考察が重要な役割を担う。このことも、第2章「キュレーション1」で解説されよう。

こうして、よい仮説的モデルを携えることによって、ゲーム理論は、社会の具体的な問題の調査や解決を手助けすることができる。

ゲーム理論家はこれまでに、たくさんの、よい仮説的モデルを生み出し、ゲーム理論のカルチャーを豊かにしてきた。これらの仮説的モデルは、どれもがすばらしい財産であり、永遠の生命をもつものばかりだ。

共同体の壁

同時に、おびただしい数の専門用語も生み出されてきた。

標準形ゲーム、展開形ゲーム、完備情報、不完備情報、完全情報、不完全情報、繰り返しゲーム、多段階ゲーム、ベイジアンゲーム、協力ゲーム、非協力ゲーム、優位戦略、劣位戦略、共通知識、劣位戦略逐次消去、合理化戦略、ナッシュ均衡、逐次合理性、完全均衡、ベイジアン均衡、ベイジアン完全均衡、部分ゲーム完全均衡、逐次均衡、などなど。ゲーム理論家は、これらの専門用語を自在にあやつって、ゲーム理論の言語ゲームを日々楽しんでいる。

こんなゲーム理論のカルチャーでは、非常に多岐にわたる話題についての会話が展開されている。経済、政治、法学、歴史、制度、教育、さらには、恋人同士のけんかや、酔っ払い運転の作法にいたるまで、無節操なほど話題が豊富だ。

だから、みなさんには、ゲーム理論家の共同体で交わされている会話の内容を、ぜひとも知ってもらいたい。ここには面白い話題が満載だ。

しかし、残念なことに、この共同体の住人たちは、上述したような、特殊で人工的な専門用語を使って会話している。だから、一般の人は、この共同体になかなか入り込めない。たとえ、兄弟がおやつの分け方でひと悶着しているといった他愛のない話題であっても、専門用語にまみれ、容易には会話に加われない。

学問の世界で難解な専門用語が飛び交うのは、何も不思議なことでない。ゲーム理論もまたしかりだ。

しかし、ゲーム理論家としての私の率直な印象としては、専門用語のかなりの部分は、形式論理によってカルチャーに規律を与えるために考案されたものだ。ならば、基本的なこと以外の専門用語をなるべく日常的な表現に置き換えることで、会話の内容を、そしてゲーム理論の何たるかを、専門外の人にもわかるように、ある程度はうまく伝えられるはずだ。

ゲーム理論事始め

キュレーション

そのためには、よいテーマをきちんと選んで、ゲーム理論における話題を、独自の視点から上手にまとめあげる、つまり「キュレート（curate）」する才覚が必要になる。よいキュレーションをデザインできる人、つまり、よいキュレーターが、ゲーム理論には必要だ。

以下に、キュレーションの内容に求められる、いくつかの要求項目をリストアップしよう。これらは、「これからのゲーム理論」にとって大事な指針になることばかりである。

キュレーションに求められることは、第1に、ゲーム理論の創造性を一般の人に知ってもらうことだ。ゲーム理論が社会科学のアートであることを、広く知ってもらうことが、第1のポイントである。

注意すべきは、ゲーム理論の創造性は、具体的な問題解決の手助けこそすれども、それだけでは最終的な問題解決に至らないことである。例えば、ゲーム理論の創造性は、コンピューターサイエンス、人工知能、倫理学、心理学といった、別の分野のテクノロジーや知性と結びつくことによって、はじめてその有用性の真価を発揮できることがある。このことをうまくアピールするべきである。第2章「キュレーション1」において、PK戦のゲームを例にとって、詳しく解説されよう。

仮説的モデルの形成という、いささか中途半端にも思える仕方で役に立つ、こんなゲーム理論は、しかしながら、そのことが仇となって、以下のように、「悪い官僚主義」に利用される可能性がある。要注意である。

仮説的モデルは、研究者が具体的な問題に踏み込んだ際には、もっと検証可能なスタイルにブラッシュアップされなければならない。この工程を経て、モデルは、仮説形成の段階から、正しいモデルかどうかの真偽を問う「実証的段階」に進むことになる。このような研究のステップを軽視した場合、ゲーム理論は悪い官僚主義に利用される恐れがでてくる。

官僚主義的悪用とは、問題解決の答えが先に決まっていて、後から、その答えの裏書きができるような、真偽は定かでないがもっともらしく聞こえるような仮説的モデルを、御用学者に見繕ってもらうことである。こんな御用学は、創造的行為をやめてしまった研究者が陥りがちな背任の代表格である。このことは、私自身を戒める気持ちもこめて、政策当局の質の向上のためにも、みなに知ってもらいたい。

経済学への貢献

第2のポイントは、ゲーム理論が、経済学に大きな貢献をしてきたことを、一般に広く知ってもらうことである。経済の繁栄にとって、経済主体（経済活動をする個人）のインセンティブ（行動の目的や動機についての良し悪し）をどう解決するかは、経済学の中心的な課題である。ゲーム理論は、こんなインセンティブの問題を解明することで、経済学に大きく貢献したのである。

経済学の祖とされるアダム・スミスは、主著『国富論』において、道徳的個人ではなく、利己的個人こそが、「分業と交換」を通じて、経済の秩序と繁栄をもたらしうると説明した。*11 しかし、悪い利己的個人であれば、約束を守らないし、お互いにけんかするし、平気で公害をまき散らすし、ずだ。

貧困労働者をひどく搾取するだろう。こんなことばかりしていては、秩序も繁栄も期待できないはずだ。

しかしスミスは、賢明な利己的個人であれば、他人の足を引っ張るようなことはせず、自身の利己的動機と矛盾しない仕方で、他人との利害をうまく調整する能力がある、つまりインセンティブの問題を解決する自助の能力がある、と仮定したのだ。[*12] では、はたしてどうやって、インセンティブの問題が解決されるというのか。スミスはこれについて明確な説明をしなかった。

そのため、インセンティブの問題は、スミス以降の経済学に課せられた大きな宿題になった。この大問題は、ゲーム理論の登場によってはじめて体系的に分析できるようになったのである。このことを、さまざまなキュレーションを通じて、広くアピールするべきである。

もっとも、このことは、すでにゲーム理論の教科書などで、十分アピールされてきたことでもある。だから今後は、さらに上等なキュレーターの登場が望まれよう。

ゲーム理論は、経済学に必要となる理論的、数理的基礎を構築するため、数学者ジョン・フォン・ノイマンと経済学者オスカー・モルゲンシュテルンによって、1944年に創始された。[*13] 経済学には元来、複雑な状況を抽象化して単純な仮説的モデルを作り出し、それを集中的に考察する、という分析手法の伝統がある。これはゲーム理論にも受け継がれた。

しかし、フォン・ノイマンとモルゲンシュテルンは、経済学には、異なるモデルを比較するために必要となる共通の形式言語がないことを、深刻な欠点として指摘した。そのため、ゲーム理論という新しい数学をスタートするに至った。

もっとも、経済学は、その後、ゲーム理論とは別に、19世紀の経済学者レオン・ワルラス[*14]による完全競争市場一般均衡モデルを軸に据えた「新古典派経済学」と称される数理経済学の体系を樹立していった。さらには、理論経済学者ジョージ・アカロフによる「情報の非対称性」の考察など[*15]を経て、限定された範囲内ではあるものの、一般均衡理論と比較検討できるさまざまな市場モデルについての分析枠組みを樹立したのである。今日、この枠組みが、経済学の初級および中級の教科書の基礎を支えているといっていい。（完全競争、一般均衡、新古典派経済学、情報の非対称性などは、経済学の専門用語だ。これらについては、必要があれば、本書で説明されよう。）

一般均衡理論は、優れて汎用性の高い経済学のモデルである。マクロ経済学や数理ファイナンスといった、経済学の花形領域の基礎理論に君臨しているのだ。しかし、それは、非現実的な多くの前提条件に支えられている。そのため、新古典派経済学の分析枠組みでは、これらの前提条件をみたさないモデルの考察には強い制限がかかってしまう。ここが、ゲーム理論と新古典派経済学との大きな違いである。

そうとはいえ、この枠組みにおいて扱われる、一般均衡理論と比較できるモデルの数々は、とても大事な考え方に根差している。そのため、ゲーム理論のキュレーションの取り扱い対象に加えておいた方がいいだろう。

制度設計

第3のポイントは、ゲーム理論が、メカニズムデザイン、マーケットデザインなどといった、経済制度や社会制度の設計に深くかかわっていることを、広く知ってもらうことである。ゲーム理論の仮説的モデルは、入札制度（オークション）、証券取引ルール、マッチングのルール、組織のガバナンス、情報システムなどといった、社会のしくみを支える制度を、具体的にどのようにデザイン（設計）したらいいかについて、基本方針を提供してくれる。

注意するべきは、仮に、ゲーム理論を応用することによって、具体的に優れた制度設計を提案できたとしても、それが実際に採用されるかどうかは、政治、官僚主義、社会に巣食う偏見やタブーなどに影響される点になる。そのため、提案が日の目を見ずに終わることもある。

このことは提案の出来栄えとはあまり関係がない。無理に妥協して、採用にこぎつけようとすると、提案のもつ本来の真価が損なわれてしまうことがある。

例えば、悪い官僚主義は、「前例がない」という理由だけで提案を却下し、「時期尚早」という文言とともに、将来における採用の可能性を全否定はしない、という二枚舌を使う。提案のセールスマンは、次第にこの二枚舌にとりこまれ、セールスの成約よりもセールス活動自体が合目的化してしまう。そのうち、役人の言う通りに「ずるずる引き延ばす」ことをよしとするようになる。まことに残念極まりない展開である。

今日の日本政府や日本社会は、新しいルールの導入にはひどく慎重になっている。このことは、今後深刻な社会問題になりうる。だから、そうならないように、もっと広く、正しく、このことをみなに知ってもらいたい。

制度設計は、前例のないような案をひらめくのが信条とされる学問である。だから、下手をすると、こんな日本社会のままでは、ゲーム理論の創造的行為は鬼子扱いにされかねない。

特に問題なことは、前例がないことの意味が「ご都合主義」で決められることである。よく考えれば前例があるのに、それでも、前例がないから実行できない、と言われてしまうのだ。いくら反論しても、暖簾に腕押しである。私は、こんな官僚主義の悪しき側面が、教育にも悪い影響を与えかねない、と危惧している。

悪しき官僚主義の打開案は、まずは、個々の役人について、そのパフォーマンスの時系列をきちんと記録していくことを、ルール化することである。誰がどのタイミングで、どのような仕事をしたか、あるいは仕事をやり過ごしたか、などなどを、一目でわかるようにしておくのである。そうすれば迂闊なことはできなくなるし、すべきだったことを面倒くさがってやりすごしてしまったことも、後でばれてしまう。

次には、きちんとした評価システムをつくることである。客観性を高めておいて、評価を昇進、給与、再就職などに役立てるのである。これは必須項目である。このような官僚制に対するインセンティブのルール作りは、大学にも、一般企業にも、広くあてはめることができる。そうするべきである。

ただし、「誰がネコに鈴をつけるか」という難問には容易に答えられない。ただただ、努力と実行あるのみだ。

私は、ゲーム理論が、経済学に限らず、社会科学全般についても、理論的基礎を構築できる大きなポテンシャルをもつと、強く主張したい。このことを、経済学者にも、経済学者以外の人にも、広く知ってもらいたい。これが、キュレーションに求められる第4のポイントである。私は、この第4のポイントを特に重視するのだ。

内生的選好

経済学では、概して、経済主体の「選好（preference）」が「外生的」に与えられていることが前提とされる。つまり、各経済主体がどの商品を他のどの商品より好むかといった判断基準（これを経済学やゲーム理論では「選好」と呼んでいる）は、あらかじめ個人ごとに生得的に与えられていて、社会的関係の在り方が変わっても不変に保たれる、と仮定されるのである。

しかし、実際の経済主体の選好には、社会的関係の在り方に影響されて、「内生的に」決まる側面がある。このことはもっともっと注目されないといけない。

このような内生的選好については、経済学においても、古くからその重要性が指摘されていた。例えば、19世紀末から20世紀初頭にかけて活躍したアメリカの制度派経済学者ソースティン・ヴェブレンが指摘する、有閑階級における「見せびらかし」の消費などは、その好例である。[*16] 値段の高いものをもっていると見せびらかしたくなる。こんな見せびらかしの欲求をみたすために、要りもしない商品を買いたくなってしまう。

あるいは、みんながもっているものを、要りもしないのに欲しがる（ファッション）。逆に、みんなが気に留めてないものを、要りもしないのにもちたがる（スノッブ）。これらの消費者心理はいずれも、社会的関係に依存して内生的に選好が決まる典型的な例である。

しかし、こんな内生的選好は、経済学のレトリック（経済学者同士が、論理を超えて、会話の上で、納得したり、意見を共にしたりする作法）においては、無視され続けてきた。なぜなら、内生的選好を考慮しようとすると、経済政策を考える際に必要とされる諸概念の多くが再検討を迫られることになるからである。

経済厚生（資源や商品を効率的、効果的に配分されているかどうかについてのとらえ方）の最も基本的な概念とされる「パレート効率性（例えば、みんながよりたくさん消費できる方が、そうでないよりも望ましいとする判断基準）」ですら、その妥当性に疑問が生じてしまう。パレート効率的にすると不平等が増すことがあるので、不平等をよしとしない内生的選好が無視できなくなる恐れがあるからだ。

そのため、経済学のレトリックでは、たとえ内生的選好が重要になりそうな状況（例えば、バブルにおける熱狂や、経済危機における沈滞ムードについての議論など）においても、選好は外生的に与えられるとする前提を、むりやり当てはめようとしている。これは至極問題である。

このことは、経済学の学術的研究の現場にも、悪影響を及ぼしている。経済学のレトリックの、このような保守的な傾向がこのまま持続されるならば、今後の社会科学の可能性は著しく損なわれるだろう。もっとも私はそんなには悲観してないが。

同調と従順

経済主体は、自身の立場のみならず、他者の立場にも立って、他者がどのように考え、どのように行動を決定するかを、シミュレーションしようとする。こうすることで、自分にとって最適な行動は何かを、よりよく導くことができる。なぜならば、自分にとって最適な行動は、他者がどのように行動するかに依存するからである。

例えば、「みんなが右側通行するなら私も右側通行、みんなが左側通行なら私も左側通行を選ぼう」といった具合である。これは、ゲーム理論が人々のインセンティブをどうとらえるかについての、つまり「戦略的思考（strategic thinking）」についての、最も基本的な考え方にあたる。

その一方で、「他者の立場に立って考える」ことが、利他心を芽生えさせることもある。他者を思いやって、利己的な行動を控えよう、ということである。このことも、我々は無視してはいけない。

さらには、「他者の立場に立って考える」ことによって、相手の行動を予測すると、憤りや感謝といった感情が生まれることがある。例えば、「相手は損をしてでも私を助けてくれる」と予測すれば、感謝の感情が沸き起こる。「相手は私を助けることができるのにそうしてくれない」と予測すれば、憤りの感情が沸き起こる。これらの感情は、もちろん行動決定に影響を与えうる。

「他者の立場に立って考える」ことは、さらに別の、内生的選好にかかわる重要な役割を担うことになる。つまり、「他者の立場に立って考える」ことによって、経済主体の心の中に、「同胞感情（同感、sympathy）」が芽生えることである。

同胞感情によって、人々は、同じような行動様式をとるようになる。別の言い方をすると、お互いに「同調（conformity）」するようになる。重要なことは、こんな同胞感情ないしは同調は、判断の難しい状況においては、他の感情を出し抜いて優位に機能することがある。このために、とりわけ我々が注目するべき感情になる。[*17]

では、こんな同じような行動様式は、どのように決まってくるのだろうか。アダム・スミスは、もう1つの主著『道徳感情論』において、同胞感情という社会的作用を通じて、人々の心の中に、共通の「中立的観察者（impartial spectator）」という、架空の別人格が芽生えると説明している。[*18] 経済主体はみな、共通の第三者である中立的観察者に認められたい、「従順（obedience）」でありたい、と感じるようになるというのだ。このような、同調（あるいは同感）や従順といった感情の作用は、内生的選好を考慮する際の基本原理になる。

しかし、こんなスミスからの借用はここまでにしておきたい。

注意するべきは、実際には、中立的観察者のような「心の中の第三者」は、同感よりも前に、社会的に決まりうることにある。そのため、それがすばらしい人格者なのか、危険なファシストなのか、自身の所属する集団のボスといった特定の人物を念頭に置いたものなのか、先験的には何も言えない。

同調や従順は、資本主義に秩序をあたえる善玉の原理ととらえることもできるし、悪い官僚主義、権力主義、権威主義、あるいは全体主義などを下支えする悪玉になることも考えられうる。だから、我々は両方の可能性を視野に入れておかないといけない。

社会の病を解明する

社会科学の使命は、「社会の隠された病理」を解明することにある。バブル、経済危機、ハラスメント、差別、監視社会、権威主義、権力主義、官僚主義、全体主義、ファシズムなどといった、社会に隠されているかもしれない潜在的な病理にかかわる、さまざまな話題に向き合うためには、犠牲を払ってでも、ゲーム理論において内生的選好を追究するべきである。従順にふるまう、同調する、といった感情の作用は、内生的選好の重要なケースとして、とりわけ真摯に分析されるべきである。

社会の隠された病理には、さまざまな形態がありうる。しかし、私の知る限り、さまざまな形態についての首尾一貫した理論的説明は、ゲーム理論において、今まであまりちゃんと提供されてはいない。だから、社会の隠された病理の解明は、「これからのゲーム理論」が活躍する格好の場所になりうる。この意味において、今後、ゲーム理論による仮説的モデルが果たす役割はもっと大きくなると考えられる。

そのためには、これからのゲーム理論は、経済学のレトリックに過度に縛られないことが賢明である。そうすることによって、ゲーム理論のカルチャーは、理想的な社会理論としての広がりをもつことができるようになる。この可能性を、多くのキュレーションを通じて、私は広く訴えたい。

第2章では、私がキュレーター役を買って出て、ゲーム理論のカルチャーで語られるような、あるいは語られるべき、3つのショート・キュレーションを紹介しよう。さらに第3章と第4章では、この章で述べたゲーム理論のビジョンにしたがって、少し長めの、重い内容の、そして特に重要なキュレーションを紹介しよう。

第2章　キュレーションのすすめ

ゲーム理論の魅力を多くの人に知ってもらいたい。そのためには、難しい専門用語を最小限にとどめ、ゲーム理論家の会話に登場しそうな、面白い、ためになる話題について、キュレーションをたくさんまとめるのがよい。

どのようにキュレーションをまとめるかについては、私なりの心得がある。

過去の偉人の威を借ることはなるべく避けなければならない。専門外の人に説明するからといって手を抜かない。ゲーム理論の最先端にも届く内容でなければならない。ありきたりでなく刺激的で、専門家をものけぞらせるようなものであるとなおよい。ゲーム理論の形式論理をくどくど解説してはいけない。

そして最後、キュレーションを読んだ後に「こんな説明では物足りない。ゲーム理論をもっときちんと基礎から学びたい」と思ってもらうことだ。この最後の心得の意味は、私が、キュレーションをまとめることによって、教育者としての務めをも果たしたいということである。

本章においては、3つのショート・キュレーションをまとめてみた。テーマは「戦争と平和」、「経済の秩序と繁栄」、「社会の病」である。ただし、これらは、ゲーム理論の魅力を伝えるキュレーションの氷山の一角に過ぎない。

キュレーション1　PK戦からテロ対策へ

第1章で紹介したサッカーのPK戦（ペナルティーキック）にもっと踏み込んでいこう。この中に、ゲーム理論が世界の平和に貢献する地道な一歩を見ることができる。

PK戦は、ゲーム理論入門のよい一歩にもなる。ゲーム理論が社会のなかにいる個人をどうとらえるかについての基本となる3つの視点、「合理性」、「知識」、「社会性」が説明されるからだ。

さらに、仮説的モデルと現実の問題解決との、分かちがたい関係が説明される。現実の問題解決のためには、ゲーム理論が他の学術分野と深く関わらなければならないこと、ゲーム理論を中心とした学際研究（異なる分野が集結して学術全体を向上させること）の在り方が説明される。

PK戦は、キッカーとキーパーが、ほぼ同時に、左右どちらかのサイドを決めるゲームである。2人とも同じサイドを選べばキーパーの勝ち、そうでなければキッカーの勝ちだ。2人はどちらも、自分が勝つ確率が高くなるように、右か左かを選びたい。では、2人は各々、左右どちらを選ぶかを、どのように判断するのだろうか。

合理性、知識、社会性

キーパーについて考えよう。（キッカーについても同様の考察が成り立つ。）

キーパーは、対戦相手であるキッカーの立場に立って考える。キッカーがどちらに蹴るかを予測するためだ。キーパーは、キッカーが左に蹴ると予測されるなら左に飛ぼう、逆なら右に飛ぼう、と判断を下すことになる。

キーパーは、相手の行動について予測を立て、その予測の下で最善の判断を下す。この意味において、我々は、キーパーを「合理的（rational）に行動を決める存在」ととらえる。キッカーについても、合理的な存在ととらえるとする。

キーパーは、キッカーが合理的な存在であることを知っているとする。そして、この「知識（knowledge）」を使って、何が最善な判断かを、理詰めで、根拠付けていく。

例えば、キーパーは、「キッカーは左に蹴る」と予測するとしよう。ならば、キーパーは、同方向である左に飛ぶことを選択することになる。

では、なぜキーパーが「キッカーは左に蹴る」と予測するのか。その根拠はいったい何か。この問いに対して、合理的なキーパーは、「キッカーは、私が右に飛ぶと、間違って予測している。だから、左に蹴るだろう」と答えることになるのだ。（だんだん理屈っぽくなってきた。）

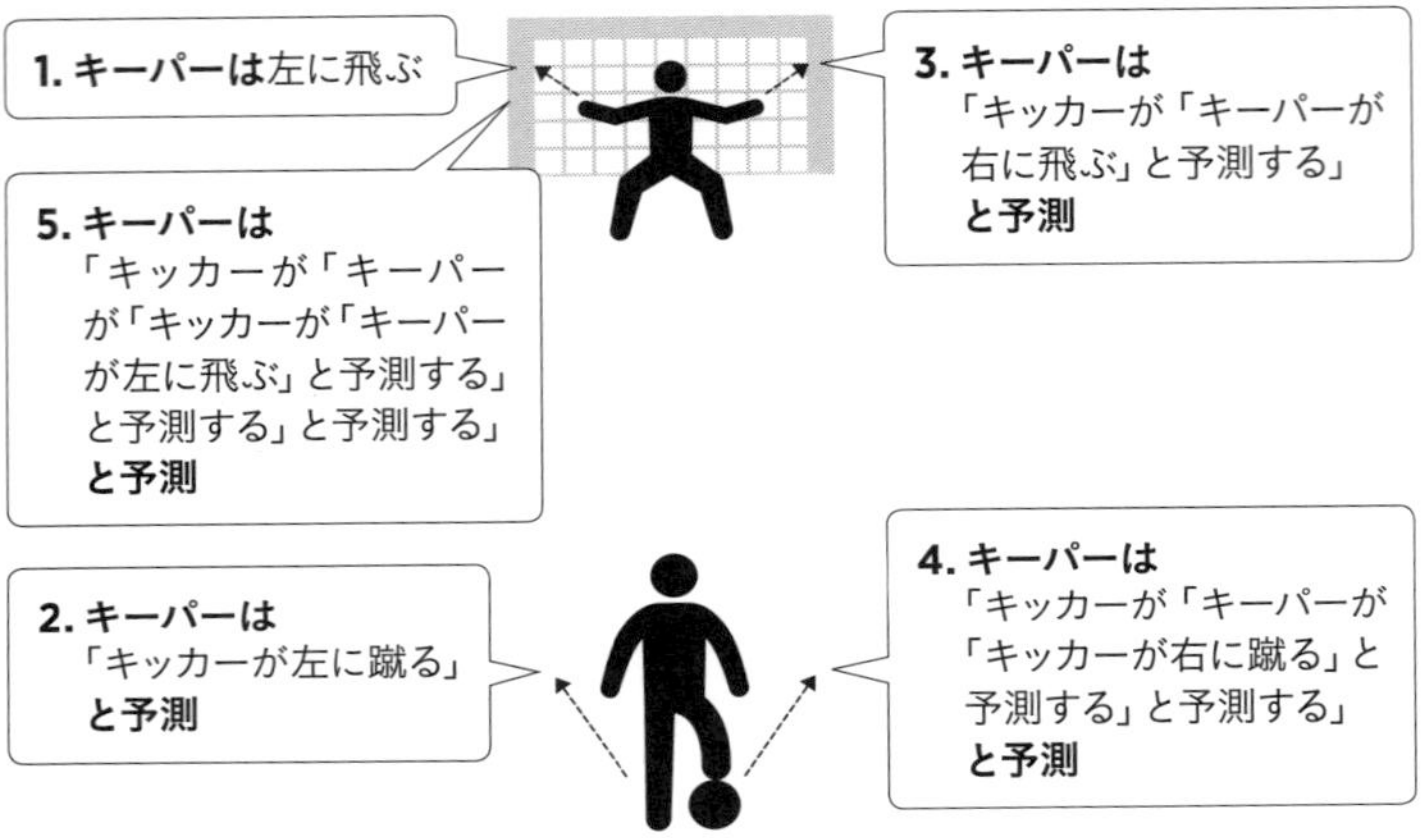
1. キーパーは左に飛ぶ
3. キーパーは
「キッカーが「キーパーが
右に飛ぶ」と予測する」
と予測
5. キーパーは
「キッカーが「キーパー
が「キッカーが「キーパー
が左に飛ぶ」と予測する」
と予測する」と予測する」
と予測
4. キーパーは
「キッカーが「キーパーが
「キッカーが右に蹴る」と
予測する」と予測する」
と予測
2. キーパーは
「キッカーが左に蹴る」
と予測

図２―１：キッカーをみくびったキーパーの予測パターン

キーパーは、キッカーもまた勝ちたいと思っていることを、知っている。そして、キーパーは、「キッカーもまた合理的な存在である」という知識にもとづいて、予測を立てている。それゆえ、左に飛ぼうと判断しているキーパーは、「キッカーは、私の意図とうらはらに、私が右に飛ぶものと予測している」と予測していると考えられる（図２―１）。

理屈っぽい説明は、ここでいったんストップしよう。

以上から、キーパーが右でなく左に飛ぶべきだと判断する場合には、必ずこのキーパーは、「キッカーは私のことを勘違いしている」と予測していることになる。キーパーが左でなく右に飛ぶべきだと判断する場合にも、必ずこのキーパーは、「キッカーは私のことを勘違いしている」と予測していることになる。

キッカーについても同様のことが成り立つ。キッカーが右でなく左に飛ぶべきだと判断する場合には、必ずこのキッカーは、「キーパーは私のことを勘違いしている」と予測している。キッカーが左でなく右に飛ぶべきだと判断する場合にも、必ずこのキッカーは、「キーパーは私のことを勘違いしている」と予測している。

つまり、キーパーであれ、キッカーであれ、左右のどちらかを「自信をもって」選択できる状況では、必ず「相手のことをみくびっている」というわけだ。

しかし、仁王立ちしてにらみ合っているこの2人が、ともに相手をみくびっていて、いつでも自信をもって左右を選択していると考えるのは、いかがなものであろうか。これでは、もっともらしい説明とは言えないのではないだろうか。

キーパーは、キッカーに一挙手一投足を見られているはずである。にもかかわらず、キーパーが、「キッカーは間違って予測している」と自信をもって言えるとは、ちょっと考えにくいのではないか。

ならば我々は、お互いの予測には食い違いがない、つまり、お互いに「社会性（sociality）」のある共通の予測が成立している可能性について、むしろ考えるべきである。キーパーであれ、キッカーであれ、左右のどちらかを自信をもっては選択できない。つまり、左右のどちらがいいとは言い切れない、「不安」な状況を、我々は考えなければいけない。

したがって、ここからは、キーパーなりキッカーなりが、相手の行動を「ランダムに（確率的に)」予測する可能性について考えていくことにする。

キーパーは、自分が左に飛ぶか右に飛ぶかを、キッカーに見透かされているかもしれないと、不安に思っている。キッカーは、キーパーのしぐさや癖を盗んで、裏をかこうとしているからだ。だから、このままでは、キーパーに勝ち目はない。

ランダムな決定

そこで、キーパーは、キッカーに裏をかかれることへの対抗策として、自分のしぐさや癖とは一切無関係に、右か左かを決めるように心がける。右か左かを、相手にばれないように、字句のごとくランダムに決めるのだ。

もしキーパーが右より左に飛ぶ傾向があるならば、キッカーに、今度も左ではないかと、見透かされてしまう。不用意な仕方で、左と右とで半々の割合で飛ぼうと心がけると、前回は左だったから今回は右だろうと、またもやキッカーに見透かされてしまう。

このように、意識的にも、無意識的にも、行動に何らかのパターンがあると、それを相手に読まれて、PK戦に負けてしまう。ならば、キーパーは、こんなパターンを一切作らないように、まるで「マシーン(機械)」のように、「ランダムな決定」に徹するのがよい。

キーパーは、左右を半々の確率で、ランダムに選択するように心がければ、勝つ確率をちょうど2分の1に保つことができる。もし確率を2分の1から少しでもずらすならば、裏をかくことができるキッカーは低い確率の方のサイドを狙う恐れがあるので、キーパーが勝つ確率を、2分の1より下げてしまう。だから、キーパーの不安を最小限にとどめるには、ちょうど半々の確率にしておくのがベストである。

一方、キッカーもまた、相手キーパーに読まれてしまう可能性を恐れている。だから、やはり左右を半々の確率に、機械的に蹴り分ける。もはやキーパーは、キッカーのくせを、逆に読んでやろうとしても無駄である。相手はマシーンのように半々の確率で蹴り分けるのだから、左右どちらに飛ぼうと、勝率は2分の1のままだ。

こうして、両プレイヤーはともに、機械的に、半々の確率で、左右のどちらかを、ランダムに選択することになる。[*1]

ゲームとしての面白さ、ゲーム理論としての面白さ

こんなことなら、ＰＫ戦におけるキッカーとキーパーの役目は、本当にマシーンにやらせてしまえばいいのではないか。

まったくその通り。ただし、これでは、ＰＫ戦の「ゲームとしての面白さ」は、まったくなくなってしまう。

ＰＫ戦のゲームとしての面白さは、マシーンに徹しきれない生身の人間がプレイしていることにある。隙を見せるや相手にそれを見透かされてしまう、といった、合理的な説明からは零れ落ちてしまう部分にこそ、ゲームとしての面白さが宿る。

しかし、ＰＫ戦の、ゲームとしてではなく、「ゲーム理論としての面白さ」は、マシーンによるランダムな決定という、合理的なアイデアそのものにあるのだ。キーパーとキッカーのどちらが勝つかは、先験的にはわからない。仮に、キーパーが「キッカーは左を蹴る」ことを知ったとしよう。合理的なキーパーなら、この知識を利用して、左に飛ぶだろう。

ならば今度は、キッカーが、このことを合理的に読みこむことによって、左に蹴るのをやめて、右に変更するだろう。しかしこれは矛盾である。だから、どちらが勝つかは、先験的にはわからない。（ただし、プレイヤーがあまり合理的でない（限定合理的である）とするならば、話は別である。限定合理的なケースは、ゲーム理論の考察対象として、合理的なケースと同じかそれ以上にやはり重要であることを、ここで断っておきたい。）

ゲーム理論は、人々の行動を正確に予測するための学問ではない。むしろ、ゲーム理論は、人々の行動を正確に予測することは難しく、正しい予測ができると吹聴するのはまやかしにすぎないことを、論理的にあばく学問だといっても差し支えない。

しかし、だからといって、ゲーム理論は役に立たないと即断してはいけない。その逆である。ここにこそ、ゲーム理論の「有用性」が潜んでいる。

ゲーム理論の有用性は、その予測能力の高さにあるのではない。ゲーム理論の有用性は、予測がどの程度可能かについての目安を、正確に示すことにある。その目安として、ランダムな、確率的な予測の仕方が、とりわけ重要になる。

正確に予測しようとすると、その予測に人々が反応してしまい、結果的に、最初の予測は正しくなくなってしまう。しかし、確率的に予測することを考慮すると、人々の反応まで織り込むことができる。そのため、予測の精度を、確率によって正確に示すことができる。よって、この予測の精度の範囲内で最善を尽くせ、ということになってくる。この考え方こそが、ゲーム理論の有用性に繋がる。

ＰＫ戦では、相手プレイヤーに「私は、左右を半々の確率で、ランダムに選択する」と予測させる、というアイデアが最善策になっている。このアイデアにこそ、ゲーム理論の面白さ、重要さが宿るのである。

そして、これは、ゲーム理論が世界の平和に貢献する地道な一歩になる。

テロ対策のゲーム

キッカーを「テロリスト」、キーパーを「政府（あるいは警備会社）」に置き換えてみよう。テロリストは、ある空港を爆破することを狙っている。

空港には2つのターミナル、ターミナルＡとターミナルＢがある。そのどちらか一方を、テロリストは爆破しようと考えている。

政府は、テロを防ぐべく、ターミナルＡかターミナルＢかのどちらかに、警備態勢を敷くことを検討している。警備態勢を敷いたターミナルに、テロリストが攻撃を仕掛けても、テロは失敗に終わる。そうでなければ、テロは成功してしまう。

政府にとって、両方のターミナルを同時に警備することは、費用が掛かりすぎるので、無理である。あらゆる個所にチェックポイントを置いて、四六時中監視態勢を敷くのは、非現実的である。だから、1つのターミナルに絞って警備を徹底させるしか、テロを防ぐすべはないとしよう。

つまり、政府は、限りある警備の資源を効果的に、効率的に配分するという、経済学でおなじみの「希少性（scarcity）」という、切実な制約に直面しているのである。

ターミナルAには3000人、ターミナルBには2000人の利用客がいる。テロが成功すると、そのターミナルの利用客全員の命が失われる。

テロリストの目的は、死者数の期待値（つまり利用客数×テロ成功確率）を最大にすることである。一方、政府の目的は、死者数の期待値を最小にすることである。つまり、政府の目的とテロリストの目的は真っ向から対立している。

みなさんには、この状況がPK戦と似ていることは、おわかりいただけているだろう。

では、はたして、テロリストは、ターミナルAとターミナルBのどちらを狙うのか。政府は、ターミナルAとターミナルBのどちらを警備すればいいのか。

例えば、政府が、一週間のうち、月火水木曜日にはターミナルAを、金土日曜日にはターミナル

Ｂを、警備するとしよう。しかし、これでは、テロリストの思うつぼである。月火水木にはターミナルＢを、金土日にはターミナルＡを狙えばいいからだ。

あるいは、政府には、被害の大きいターミナルＡだけを毎日警備し、ターミナルＢを見捨てるという非業な手もあろう。しかし、テロリストは毎日ターミナルＢを狙い撃ちするだろうから、賢い策とはとても言えまい。

そこで、政府は、先ほどのＰＫ戦のアイデアを拝借してみる。つまり、ターミナルＡとターミナルＢのどちらを警備するかを、テロリストに見透かされないように、機械的に、ランダムに決めるのである。

しかし、テロ対策のゲームとＰＫ戦のゲームの間には、大きな違いがあることにも注意したい。ＰＫ戦では、単に勝ち負けだけが問題にされる。しかし、テロ対策では、ターミナルＡの爆破とターミナルＢの爆破とでは、被害の重みが異なる。ターミナルＡでは３０００人もの死者が出るのに対して、ターミナルＢでは２０００人にとどまるからだ。

もし政府が、ＰＫ戦にそのままならって、ＡＢどちらかに、半々の確率で、ランダムに警備態勢を敷くとするならば、テロリストは、被害の大きいターミナルＡばかりを狙うことになる。その結果は、死者数の期待値１５００の被害である。

しかし、もし政府が被害の重みをきちんと考慮するならば、ターミナルＡを警備する確率を２分

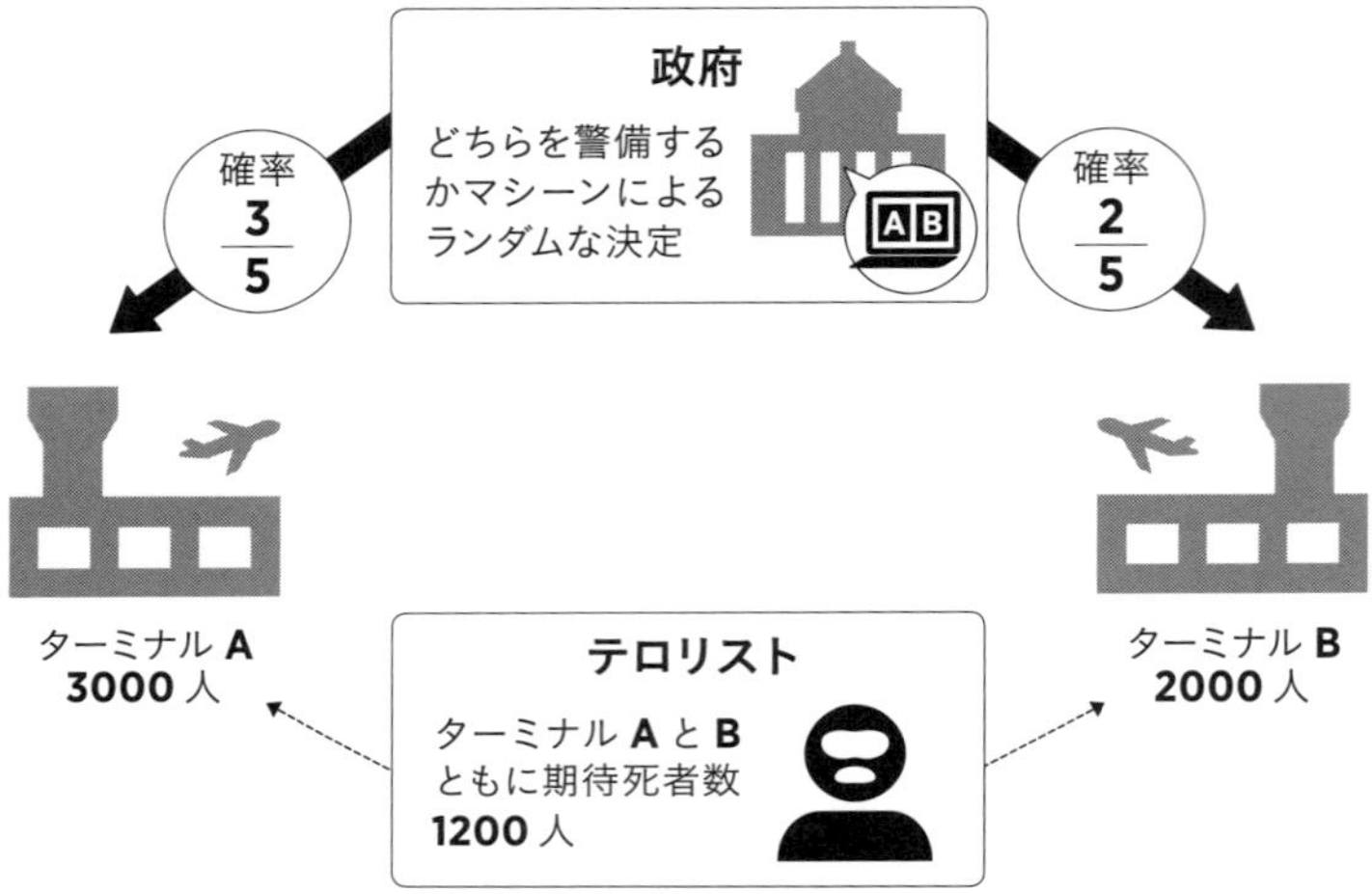

図2—2：最善のテロ対策

の1より少し高くしてやることで、死者数の期待値を下げることができる。具体的には、ターミナルAの警備を、高めの確率5分の3、ターミナルBの警備を、低めの確率5分の2にするのがベストになる。

テロリストはターミナルAを攻撃すると、テロが成功する確率は5分の2なので、死者数の期待値は$3000\times\frac{2}{5}=1200$である。ターミナルBを攻撃すると、テロが成功する確率は5分の3なので、死者数の期待値は$2000\times\frac{3}{5}=1200$である（図2—2）。

つまり、ターミナルAとターミナルBとでは死者数の期待値が同じになる。これは、半々の確率で警備した場合の1500よりも低い値である。

また、5分の3、5分の2という確率配分を、別の確率配分に変更すると、テロリストに裏をかかれることによって、被害は1200を上回ってしまう。だから、5分の3、5分の2という確率配分を守って、ランダムに警備態勢を決めることが、最善のテロ対策になることがわかる。

政府は、万全を期すため、このような警備態勢の決定を、人の手に任せずに、本当にマシーンにやらせるのだ。こうして、PK戦での知見が、世界の平和に生かされることになる。

キュレーションはまだ終わりでない。今まで説明してきたテロ対策は、あくまでも単純化された「仮説的モデル」での話である。仮説的モデルの考察だけでは、現実のテロ対策の完成には至らない。現実の問題解決には、仮説形成段階を経て、次のステップとして、現実に即した、詳細な記述によるテロ対策ゲームの本格的なモデル作りが必要になる。

学際研究

空港には実際にターミナルがいくつあるか。各ターミナルにアクセスできるルートはどのくらいあるか。警備の手段にはどのようなものがあるか。テロ行為の手段にはどのようなものがあるか。テロリストの目的は人命を奪うことだけか。あるいは、人命だけでなく、テロ行為自体がもたらすメッセージ性も重要ではないのか。テロリストは1集団のみか。あるいは、複数の集団が存在していて、各々目的も異なっているのか。などなど。これらをすべて、現実的なテロ対策のゲームの作成に、慎重に盛り込んでいかなければならない。

これは、仮説的モデルとは比較にならないほど複雑な作業になる。もはや、最善のテロ対策を手作業で解くことなど、できるわけがない。

そこで、コンピューターサイエンスなど、他分野の協力が必要になってくる。独自のアルゴリズムを開発したり、警備態勢をランダムに決定する自動化システムを整備することが必須になる。この作業には、テロリストに詳しい専門家にも加わっていただきたい。

こんな作業工程は、もはや狭い意味でのゲーム理論の範疇には収まりきらない。そしてここには、ゲーム理論が必要としている学際研究の望むべき姿がある。

ゲーム理論は、現実の問題解決のための仮説的モデルを提供することができる。しかし、それだけでは不十分である。学際的な協力体制があってはじめて最終的な問題解決に到達できる。

マックスミニ戦略

PK戦では、2人のプレイヤーの利害は正反対である。そのため、ゲーム理論は、PK戦のことを、利害の和が常にゼロになるゲーム、つまり「ゼロサム・ゲーム」と呼ぶ。また、相手に裏をかかれることを考慮した上で、被害を最小限にとどめる行動様式のことを、ゲーム理論は、「マックスミニ戦略」と呼ぶ。

PK戦において半々の確率でランダムに左右いずれかを決めるやり方は、このマックスミニ戦略に該当する。仮説的なテロ対策のゲームで最善策とされたランダムで機械的な戦略もまた、マックスミニ戦略である。

さらに、ゼロサム・ゲームを一般化して、より現実的なテロ対策のゲームのように、両プレイヤーの利害が、正反対とまではいかないまでも、厳しく対立しているゲームのことを、ゲーム理論は

「厳密に競争的なゲーム（strictly competitive game）」と呼ぶ。[*2] ここでも、マックスミニ戦略のアイデアは健在である。現実的なテロ対策のゲームで最善策とされるべき、ランダムで機械的な戦略は、マックスミニ戦略でなければならない。

マックスミニ戦略のアイデアを、現実のテロ対策に役立てることは、2007年ごろから、アメリカにおいて実際に始まっている。今日では、アメリカの主要空港において、アルゴリズムをともなったゲーム理論が活躍している。[*3]

もっとも、マックスミニ戦略の基本的な考え方は、ゲーム理論が本格的にスタートする前の、1920年代には、すでに確立していたとされている。[*4] だから、テロ対策のような優れた現実問題への応用が現れるまでに、1世紀近くかかったことになる。

理論に実用性があるかどうかなど、そうやすやすとわかるものではない。このことは、コンピュータサイエンスなどの、他分野のテクノロジーの進歩状況とも無縁でない。

テロ対策は経済学である

テロリストは、我々の嫌がることをしたいと考えている。だから、テロリストは、我々の立場に立って考えて、我々の嫌がることは何かを探っている。

政府は、望ましいテロ対策を見出すため、テロリストの目的は何かを、把握しないといけない。つまり、テロリストがしているように、我々が嫌がることとは何かを、明確にしないといけない。

我々自身が国民の命をどのように考えているか、などといった切実な問いに対して、明確な答えを用意しないといけない。時には、異なる人命の重みを天秤にかけて、コスト・ベネフィット（費用と便益を比較分析すること）で評価して、具体的な基準を示さないといけない。

これは、とても悩ましい判断になろう。しかし、そうでもしないことには、テロリストの目的に即した最善策を見出すことができない。ここにごまかしは許されない。

だから、政府は、国民に対して、「人命を100パーセント守る。テロを100パーセント防ぐ」などと、実効性の乏しい約束をすることに終始していてはいけない。このような、実直にも聞こえる言明は、結局のところ、テロの本質をごまかし、国民を欺き、責任逃れをしようとしていることの表れに過ぎない。

テロ対策のために使うことのできる予算や資源には限りがある。政府は、このような希少性の制約の下で、最も効果的なテロ対策をはじき出さなければならない。だから、テロ対策は、本質的に、希少性の制約下で最善な選択をせまる「経済学」の問題になる。このことを、いやだろうけれども、政府も国民も胆に銘じないといけない。

キュレーション２　経済の秩序と繁栄とインセンティブ

経済学の祖とされるアダム・スミスは、主著『国富論』において、道徳的個人ではなく、利己的個人こそが、経済の秩序と繁栄をもたらすと説明した。利己的個人は、「分業と交換」を推し進め、富の獲得に邁進する。このことが結果的に、本人のみならず、国民全体の福祉の向上に貢献するというのだ。

しかし、たちの悪い利己的個人であれば、お互いに争ったり、公害をまき散らしたり、労働者を搾取したりするだろう。売り手に対価を払わなかったり、買い手に品物を届けなかったり、借りた金を返さなかったりと、ろくでもないことをしそうである。こんな身勝手な悪行ばかりでは、経済の秩序と繁栄などぞ、とても望めそうにない。

だから、経済の秩序と繁栄のためには、他人を傷つけてまで自分の利益を高めようとする行為は、ある程度律されないといけない。

スミスは、良い利己的個人であれば、このような悪行をせずに、他人との利害をうまく調整する能力があるとした。つまり、資本主義社会では、人々は、悪行をするインセンティブをうまく克服して、自身の利己的動機と矛盾しない仕方で、取引相手と「ウィン-ウィン」の関係を築くことができると仮定したのだ。

では、もっと具体的にどうやってインセンティブの問題が解決されるのか。これについては、スミスは説得力ある説明を示さなかった。だから、このインセンティブの問題は、スミス以降、経済学に課された大きな宿題になった。ゲーム理論は、こんな経済学の大問題に立ち向かう貢献をしてきたのである。

このショート・キュレーションにおいて、経済学におけるインセンティブの問題を、ゲーム理論によって深く掘り下げるとしよう。

以下、架空の個人であるAさんとBさんが、金銭の貸し借りについて交渉する状況を考えていこう。この状況に即して、利己的個人が、インセンティブの問題を克服し、経済の秩序と繁栄に貢献していくシナリオをシミュレーションしていく。

国の定める法制度

Bさんは、あるビジネスチャンスを見つけた。それは、一定額の資金を投じれば、一定期間後（例えば、1カ月後）に、金銭的利益を得ることができるというチャンスである。

しかし、Bさんには資金がない。そこで、Aさんからこの一定額を借りようと考えた。Bさんは、1カ月後に、借りた金を利子をつけて返済する契約を、Aさんと交わそうと考えた。

Aさんは、この契約が守られると期待できるならば、よろこんでBさんに資金を提供したい。しかし、契約が守られるとは期待できないならば、Bさんに資金を提供したくない。

はたして、AさんはBさんに資金を提供するだろうか。

もし国が定める法制度があれば、その公的な強制力を利用することによって、契約を履行させることができる。Aさんは、Bさんときちんとした契約を交わして、返済されなければBさんに何らかの罰則を与えるとしておく。そうすれば、Bさんは罰則を恐れて契約を守るだろう。ならば、Aさんは安心してBさんに資金を提供するだろう。

しかし、Aさんは、Bさんと異なる国の人だとしよう。2人は、国境を越えて、グローバルな商取引を実行しようと考えている。ならば、2人の契約を、どこかの国の法制度が守ってくれるとは期待できない。BさんがAさんに返済するという約束は、公的権力によっては守られない。

そこで、Bさんに返済するインセンティブを与えるための、別の方法を考えるとしよう。例えば、Aさんは、Bさんに、Bさんの所有する、土地などといった、何らかの担保を差し出すことを要求する。そして、返済しなければ担保を返さない、返済すれば担保を返す、と契約するのである。Bさんは、担保を取られたくないので、返済しようとするだろうから、これで一件落着かに思われる。

しかし、これでは問題のすり替えに過ぎない。なぜなら、今度は、Aさんが疑われる立場になってしまうからだ。Aさんは、Bさんがきちんと返済しても、Bさんに担保を返さないのではないかと疑われるのである。これでは、貸し借りは、依然として成立しそうもない。

国の定める法制度によって、所有権の移転が守られないと、商取引は容易には活発になっていかない。だから、公的な強制力がない場合には、みなが不正のない商取引をするインセンティブをもつことは容易でない。

継続的な関係

今度は、AさんとBさんの関係について別のモデルを立てて考えよう。BさんのビジネスやAさんとBさんの貸し借りの機会は、1回（1期）限りではなく、何回も繰り返されるとするのである。

各期の初め（期首）に、AさんはBさんに資金を提供するかどうかを決める。Aさんが資金を提供すれば、この期の最後（期末）に、BさんはAさんに返済するかどうかを決める。

次の期になると、その期首に、再びAさんはBさんに資金を提供するかどうかを決める。その期末に、BさんはAさんに返済するかどうかを決める。以下同様、何期にもわたって、このような貸借関係が継続される。（担保のことはしばらく考えないとしよう。）

これは、AさんとBさんによる貸し借りが、1回限りではなく、何回も繰り返されるゲームである。ゲーム理論は、このような継続的な関係のゲームのことを、「繰り返しゲーム」と呼んでいる。

繰り返しゲームでは、1回限りのゲームとはまったく異なる議論が展開されることになる。特に、AさんとBさんの間で、インセンティブの問題がうまく解消されて、円滑な、協調的な取引が継続されることが、理論的に説明できるようになるのである。

1回限りのゲームでは、Bさんは返済するインセンティブをもたない。だから、返済不履行を恐れて、AさんはBさんに資金を提供しない。いくらBさんのビジネスチャンスが魅力的であろうと、1回限りのゲームでは、Bさんのビジネスは実現されない。

しかし、繰り返しゲームでは、AさんはBさんにちゃんと資金を提供して、BさんはAさんにちゃんと返済するのである。

このことを、もっと詳しく説明しよう。

信用

Aさんは試しに、Bさんに資金を提供してみた。そして、BさんはきちんとAさんに返済した。ならば、Aさんは、「Bさんは信用できる人だ」と思うようになり、次の期にも資金を提供する。しかし、Bさんが返済しなければ、Aさんは、「Bは信用できない奴だ」と思うようになり、次期以降貸さなくなる。

Bさんは、Aさんに返済しなければ、返済分の金額をせしめることができる。つまり、1回限りのゲームと同様、一時的に得をすることになる。しかし、次期以降、Aさんから信用されなくなり、Aさんから資金提供を受けられなくなる。つまり、次期以降ビジネスができなくなるので、これは損である。このように将来に損失が発生することが、繰り返しゲームと1回限りのゲームの、インセンティブ上の、本質的な違いになる。

Bさんは、一時的な得と、次期以降の損を、天秤にかけることになる。後者が前者よりも高額ならば、Bさんはきちんと返済して、Aさんに今後も信用してもらえるように努めたほうがいい。

こうして、インセンティブの問題は克服され、AさんとBさんは良好な貸し借りの関係を継続していくことができる。

この良好な関係は、利己的動機と何ら矛盾していない。国の定める法制度もいらない。自己実現的に、商取引の秩序が保たれるのである。よって、この継続的な関係に、我々は、経済の秩序と繁栄の秘訣を垣間見ることができる。

しかし、AさんとBさんは、異国人同士である。だから、最初からこんな継続的な関係をもっている仲だとは考えられない。仮に良好な取引ができたとしても、明日には別れて、別の人と取引をしなければならないかもしれない。

だから、グローバルに交易が展開されていくことを説明するための仮説的モデルとしては、この繰り返しゲームは、まだまだ納得のいくものではない。継続的な関係が最初から前提されるならば円滑な取引が可能になる、という言明だけでは、経済の秩序と繁栄が満足いく形で説明できたとはいえない。

AさんとBさんの関係は、あくまで1回限りである。しかも、国の定める法制度は使えない。それでも、良好な取引が可能になる。このように説明できる仮説的モデルを思いつけ、という要請が、ゲーム理論に課せられることになる。

以下は、キュレーション2のクライマックスになる。

法制度ビジネス

今度は、AさんとBさんとは別に、ある「商人」が登場するとしよう。この商人は、法制度という名の「ビジネス」を始めると宣言する。これは、AさんとBさんの貸し借りのような、1回限りの商取引の仲介業務をおこなうというビジネスである。

法制度ビジネスは、この商人、つまり仲介人が、他人の商取引をあらかじめ定められた手続きに則って実行することを、代行する業務である。このサービスは、手数料さえ払えば、誰でも利用することができる。

この商人（仲介人）は、公的権力者でも何でもない。スミスの言うところの、ただの利己的個人にすぎない。ビジネスとして法制度を成り立たせようとしているのだ。

仲介人は、AさんとBさんに、「私を利用して貸し借りを実行してください。トラブルは起こさせません」と呼びかける。AさんとBさんのみならず、あらゆる他の潜在的な取引者や商人にも、仲介人は同じように呼びかける。

AさんとBさんは、仲介人の呼びかけに応じて、以下のように、貸し借りの契約をかわすことになる。

まず、2人は仲介人に手数料を払う。次に、Bさんは仲介人に担保を差し出す。そして、AさんはBさんに資金を提供する。期末には、BさんはAさんに返済する。返済が確認されると、仲介人は担保をBさんに返す。しかし、返済が実行されなければ、仲介人はBさんの担保を差し押さえる。

以上の手続きを仲介人が正しく実行するならば、つまり仲介人が法制度の番人を正しく演じるならば、Bさんは、担保差し押さえという罰則を恐れて、きちんと返済するインセンティブをもつようになる。ならば、Aさんは、仲介人に手数料を払ってでもBさんに貸し付けたほうが得になるので、資金提供するインセンティブをもつようになる。

こうして、仲介人による法制度ビジネスによって、AさんとBさんのインセンティブの問題は見事に解決される。

しかし、ここまでの説明だけでは、まだ問題のすり替えでしかない。

残された問題は、はたしてこの仲介人は本当に正しくこの手続きを実行するのか、である。特に、仲介人は、BさんがAさんに返済した暁に、約束通り本当に担保をBさんに返すかどうかが問題になる。その答えはというと、以下に説明されるように、仲介人は、不正などせず粛々と代行業務をまじめにこなす、ということだ。

仲介人は、あらゆる潜在的な取引者に、「どうぞ私を仲介人として利用してください。かならずや取引を円滑に履行します」と呼びかけている。だから、仲介人が担保をだまし取ったりしようものなら、あらゆる潜在的な取引者はみな、「この仲介人は信用できない奴だ」と思うようになり、

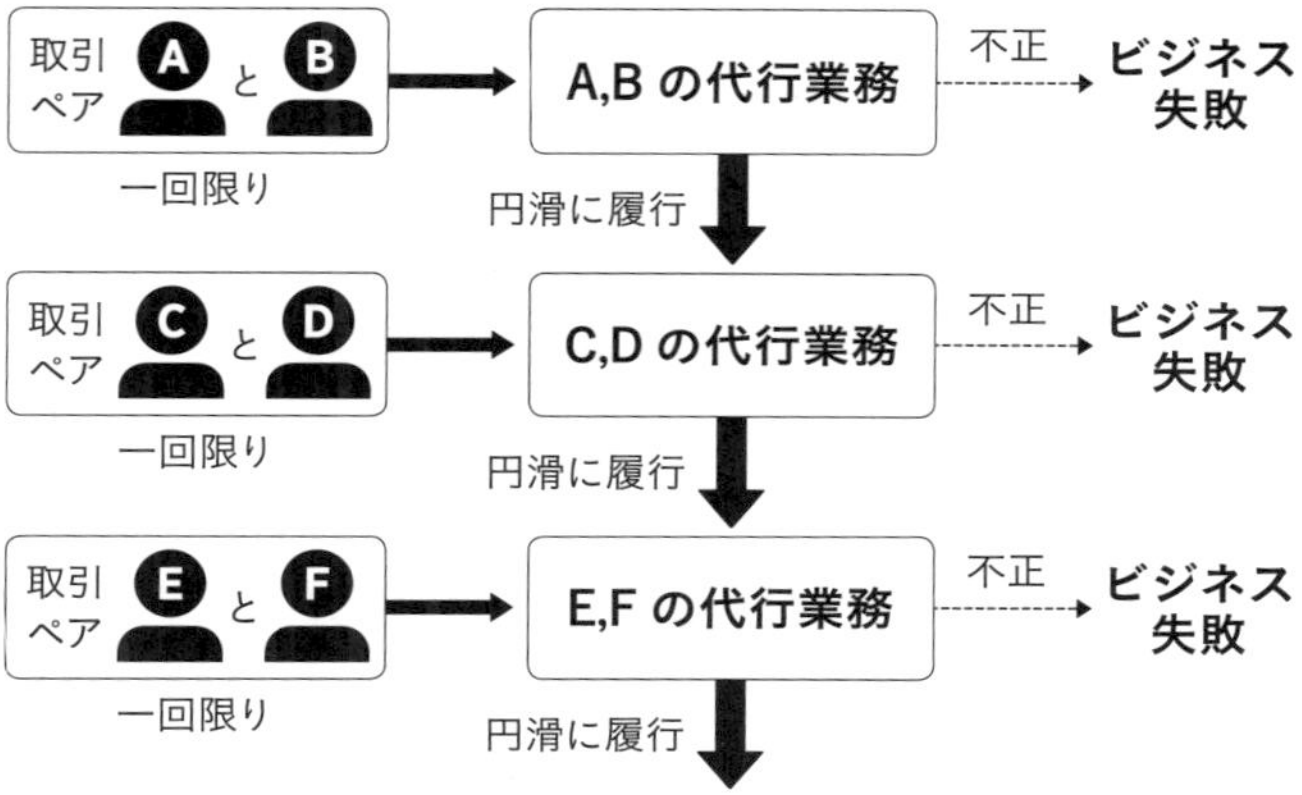

図2―3：法制度ビジネス

呼びかけに応じなくなる。しかし、そのようなことをせずに、きちんと手続きを実行していれば、みんなは、「この仲介人は信用できる人だ」と思うようになり、呼びかけに応じて、手数料を払ってくれる。

個々の取引は1回限りかもしれない。しかし、法制度ビジネスは、多くの商取引をへだてなく受け入れていくことによって、継続的な関係を人為的に作っている。

大事なことは、このように人為的な継続性が構築されると、みんなは、「この仲介人は、不正をせず、次期以降の仲介手数料を失わないように、信用維持にひたすら努める人だ」と思うようになる、ということである（図2―3）。

法制度に対する信用

国の後ろ盾がなくても、法制度は、ビジネスとして整備することができる。誰もが、法制度ビジネスを通じて、円滑な取引ができるようになる。こうして、我々は、インセンティブの観点から、経済の秩序と繁栄の秘訣を、満足のいく形で説明できるのである。

法制度ビジネスという仮説的モデルは、具体的な実証分析や歴史分析において、重要な指針を提供してくれる。例えば、中世ヨーロッパにおいてグローバルな交易拡大が展開された際に、その中心拠点の1つ、シャンパーニュの大市において、上述した法制度ビジネスが、公的な強制力なしに、長きにわたって機能したとのことである。*5

しかし、こんな仲介人の命は、人類の歴史に比べれば、圧倒的に短い。このままでは、法制度はいずれ途切れてしまう。このことは、法制度を利用する商人たちを大いに不安がらせるかもしれない。

将来に法制度が停止するとなれば、今日の取引における安心さえも危ぶまれることになる。法制度の終了日には、仲介人は、律儀に法の番人を演じるインセンティブを失っている。ならば、終了日近くになれば、誰も仲介人を利用したいとは思わなくなるだろう。このことは、法制度ビジネスが、当初の予定より前倒しで終了されることを示唆する。この理屈を繰り返せば、今日の取引といえども安心ではなくなる。

しかし、法制度が円滑に実行されることの安心感は、何も法制度ビジネスをスタートさせた仲介人個人の信用に帰するものではない。むしろ、個人ではなく、「法制度そのもの」に対して信用が与えられると考えられよう。個人ではなく法制度そのものに対する信用ゆえに、法制度が円滑に実行される安心感が生まれるのである。

ならば、仲介人は、法制度ビジネスを、別の人に高額で売却することができるだろう。このビジネスを購入する人は、今まで通り法制度の番人を演じることで、手数料を稼ぐことができるからだ。

こうして、法制度ビジネスは売却後も問題なく継続され、発案者は売却益を元手に新しいビジネスを始めるか、あるいは悠々自適の隠遁生活に入ることができる。

信用は個人でなく制度そのものに与えられる。そのため、制度は、公的な強制力なしに、長きにわたって社会に定着できる。

村八分

インセンティブの問題解決には、法制度ビジネス以外に、さまざまな別の工夫も考えられる。例えば、複数の商人で集団を結成し、お互いに連絡を取り合うようにする。集団のメンバー同士は、直接の取引相手でなくてよい。ただし、同じような相手と取引をするもの同士であるとしよう。

もし任意のメンバーに対して不正を働いた取引者が現れた場合には、そのことが集団の他のメンバーに通報される。すると、不正の被害を受けた当事者のみならず、集団全員が、「この不正を働いた取引者は信用できない奴だ」と判断し、この取引者とかかわらなくなる。つまり、不正者を「村八分（ostracism）」にするのである。取引者は、集団全員から村八分にされるのを恐れて、律儀に取引を全うするインセンティブをもつようになる。

集団内の一人一人との取引機会は頻繁でない。しかし、集団全体としては取引頻度が高い。こんな場合には、「村八分」にされると将来的に大きな損になるので、常に不正のない取引を心がけるようになる。

このような村八分の仕組みは、中世ヨーロッパの地中海交易において活躍したユダヤ人集団であるマグリブ商人のルールに見出すことができる。[*6] 日本の江戸時代における「株仲間」も、村八分によって、取引者に不正をしないインセンティブを与える工夫と解釈することができる。[*7]

法制度ビジネスと村八分は、どちらも共通して、個人レベルでは継続性のないところに、継続性を人為的に作り出すことによって、不正のない取引をするインセンティブを引き出している。このように、人為的に継続性を作り出して、インセンティブの問題解決に役立てようとするアイデアは、ネット・オークション、ウーバー、アリババ、ブロックチェーンといった、今日のプラットホームビジネスを裏付ける基本的な考え方である。

スケープゴート

しかし継続的な関係が成立していることが、インセンティブに対して、常によい働きをするかというと、そういうわけでもない。

例えば、ある集団があって、その集団のボスが、特定の人物を「贖罪の羊（スケープゴート）」に仕立てるとしよう。ボスの言うことに逆らう。集団の秩序を乱す。無能である。テロリストに協力するかもしれない。テロリストかもしれない、などなど。なんらかの理由によって、スケープゴートに仕立てるのである。

しかし、理由が正しいか正しくないかは、藪の中である。だから、適当な理屈を見つけて、特定の人物を「いじめ」の対象にしているだけかもしれない。ボスとその側近によって、この人物は、単に気に入らないという理由だけで、仲間はずれにされているだけかもしれない。

しかし、これを見て、集団の他のメンバーは、ボスの機嫌を損ねるようなことをすると、今度は自分がスケープゴートにされかねない、と思うようになる。だから、ボスに嫌われないことのみをするように心がけるようになる。

例えば、スケープゴートと口を利かない。スケープゴートに意地悪する。自分以外の人を次のスケープゴートに仕立てようとする。どんな不誠実な要望でも、ボスに声をかけられれば喜んで応じる。（自分がスケープゴートでないことの確認がとれたから、うれしいのだろう。）

こんなことばかりしていると、今度は、自分の立場の弱さを日常的に感じるようになる。そのためか、ちょっとしたことで嫉妬深くなる。嫉妬のはけ口を、直接関係ない弱い立場の人にぶつけて、八つ当たりする。あるいは、逆に、何事にも一切関わらないよう心をとざす。

こんな幼稚で馬鹿げたシナリオは、子供の話かと思われがちだが、そうではない。私が成人してからの人生経験と日常の観察にもとづくものである。

大人社会も子供社会も、原理はそっくりだ。悲しいかな、私の知るどこぞの組織の中だって例外でない。こんな集団のメンバーは、みなあまり幸せではなさそうだ。

スケープゴートにされた人は、生活基盤がこの集団にあるのなら、集団から逃げられないので、深刻な人権侵害にさらされることになる。ボスとその側近は、首謀者であるから、こんなハラスメントを隠ぺいする工作を必死に考えることになる。

やがて、ボスたちもいなくなる時を迎える。しかし、それでも、この陰鬱な集団心理は、そう簡単に終わるわけでない。その後も、行動規範として、しばらくは集団に根強く受け継がれていく。

長期的に関係をもつ状況をモデル化した「繰り返しゲーム」においては、良好な協調関係が、全員の利己的動機と矛盾することなく継続されることが、ゲーム理論によって証明されている。

フォーク定理

相手が協調的行動をとり続ける限り、自分も協調的行動をとり続けようとする。しかし、誰かが非協調的行動をとれば、以降協調関係は壊れてしまう。だから、協調関係を壊さないように、お互いに協調的行動をずっと維持し続けようとするインセンティブが生まれる。

みなが「自分が協調から逸脱するような行為をすると、以降相手は協力的態度をとらなくなる」

と予測するならば、みながこの予測の通りに行動しようと判断することになる。このように、お互いの行動パターンを正しく予測した上で、全員が自己実現的にこの予測通りの行動パターンをとるインセンティブをもつ状況のことを、ゲーム理論は「ナッシュ均衡」と呼んでいる。繰り返しゲームにおいては、上述した協調的関係がナッシュ均衡になるのである。

しかし、一方で、繰り返しゲームでは、１回限りでは決して生じなかったような、お互いにスケープゴートにされるのを恐れ続けるような、不幸せな関係も、もう１つの別のナッシュ均衡として成立してしまうのである。繰り返しゲームでは、協調関係も、不幸せな関係も、どちらもナッシュ均衡になる。

繰り返しゲームは、同じゲームを考えながらも、さまざまな関係がナッシュ均衡になる。ナッシュ均衡によって説明できる関係性がたくさんある、という性質をもつのである。しかし、その中でどの関係が実際に起こるのかについては、ゲーム理論だけでは、うまく答えられないのだ。

ナッシュ均衡がたくさん存在するという性質は、ゲーム理論の黎明期からよく知られている性質である。ゲーム理論家の共同体では、古くから民間伝承のように、この性質が語り継がれてきた。だから、ゲーム理論家は、それを「フォーク（folk）定理」と呼んでいる。今日では、フォーク定理は、きちんと証明されていて、繰り返しゲームにおけるナッシュ均衡の範囲を特定する、重要な数学的命題になっている。その精緻なゲーム理論研究は、今日までにかなり進展してきている。

にもかかわらず、どのナッシュ均衡が実際に成立するのか、それは協調関係か、不幸せな冷たい関係なのか、については、ゲーム理論の形式論理の力だけでは、どうもうまく答えることができない。

歴史的経路

私は、このキュレーションにおいて、ひそかに、「きちんと返済することで、借り手は信用を獲得できる」とか、「仲介人が、不特定多数の取引者の代行を請け負うと宣言する」とか、「不正取引者の名前を、集団全員に通報する」とかいった、何らかの「歴史的経路（historical path）」が、協調関係を誘発していることをほのめかしてきた。さらには、スケープゴートを仕立てるやり方は、村八分に似ているけれども、それは協調ではなく不幸せな関係を誘発する、とも説明してきた。

これらの言明は、ナッシュ均衡のいずれかが選ばれるまでの歴史的経路はどのようなものかを、形式論理だけをたよりに説明するのは難しいことを示唆している。

どのような経路を実際にたどったかを実証するための、真摯な歴史研究が、ゲーム理論の形式論理とは厳密に区別されて、ゲーム理論の形式論理を補完する重要な役割をなすのである。

キュレーション3　社会理論へのステップ

我々は、物（お金にも）に執着している「商品フェチスト」である。しかし、我々は、お金や物への執着だけをたよりに生きているわけではない。実際には、お金や物が絡む状況においても、フェチストとしての欲望とは別の、何らかの感情に突き動かされて、現実の行動を決めている。

このような経済人の心理は、特に、自分の問題に他人がかかわる社会的なコンテクスト（状況、文脈）において、いつでもあらわれる。商品フェチストとしての欲望以外の、何らかの感情が、実際の行動を誘発する可能性を考察することは、ゲーム理論が社会理論を構築していくために欠くことのできない作業になる。

社会的なコンテクストにおいて、個人がどのような感情を抱くかは、本人と他者が各々どのような行動をとるかについての予測の在り方に影響を受ける。ただし、このような感情の作用は、形式論理的に扱うのが難しいと思われがちである。しかし、社会理論をつくっていくためには、ゲーム理論は、こんな感情の作用を、面倒くさがらずに考察していかなければならない。そうすることによって、ゲーム理論は、商品フェチストとしての欲望だけで行動を説明するのではなく、個人間の心理的関係が行動の決め手になる可能性をも、きちんと扱うことができるようになる。

こうすれば、ゲーム理論は、かたくなで閉塞的な経済学のレトリックから脱して、もっと広範囲を視野に入れた社会理論に発展していくことができる。

このショート・キュレーションは、社会理論としてのゲーム理論の可能性を説明する。以下の説明の大半は、私自身の内省的な思考実験にもとづく。（もっとも、私と同じような感覚の人が他に大勢いることは十分承知している。）

コンテクスト

私は、ゼロ円と1000円のどちらかを選べと言われれば、躊躇なく1000円を選ぶ。私は単純に1000円もらえてうれしいからだ。

しかし、私以外の他者がもう1人いて、「私も他者もともにゼロ円」、「私は1000円、他者は9000円」のどちらかを選べと言われると、私は決断を躊躇したくなる。金銭的に損をしてでも、「私も他者もともにゼロ円」を選択する可能性を否定できないからだ。

私は、他者を交えた社会的なコンテクストにおいては、最初の選択の問題のような、社会的でないコンテクストとは異なって、「分配の公平性」のことを気にする。つまり、「どうして私が1000円なのにあいつは9000円なのか。不公平じゃないか」と感じるのである。だから、場合によっては、「こんな1000円、いるものか」と怒ることになる。

しかし、こんな感情は、詳しい事情がわかると、おさまってくることがある。例えば、何らかのやむを得ない理由があって、私には1000円以上の金額を割り当てられないことが判明したとしよう（例えば、私は別件ですでに結構な額のお手あてをもらっているため、あらかじめ決められた今月のお手あての上限内におさめるには追加手あて1000円までが限度である、とかいった理由でだ）。そんな時には、私は、怒るどころか、喜んで1000円を頂戴する。

このように、コンテクストに応じて、選択の仕方が変わることが考えられる。つまり、個人の選好は一事が万事、生得的、外生的に与えられているわけではない。コンテクストに応じて、「内生的に」選好が決まる要因もあるのだ。

特に、他者との関係が重要になる社会的なコンテクストにおいては、さまざまな感情が起こりうる。だから、行動決定における内生的選好の役割は決してあなどれない。

上述した私の思考実験は、被験者に選択をしてもらい、その選択結果のデータを分析する「実験経済学」という実証分野の研究報告とも整合的である。特に、「最後通牒ゲーム」と称される仮説的モデルについての実験がよく知られていて、被験者は、金銭的な利益だけを追求しているわけではないことがしばしば指摘されている。[*8]

別のケースを考えてみよう。以下は、「タカハト・ゲーム」と呼ばれる、「交渉」の本質をよくとらえた仮説的モデルである。図2―4を見ながら読んでほしい。

タカハト・ゲーム

私は、子供のころを思い出して、おやつのボーロ6つを、兄と交渉して分け合う状況を考えることにしよう。私と兄の2人はともに、平和的態度（ハト）、好戦的態度（タカ）のどちらかを、同

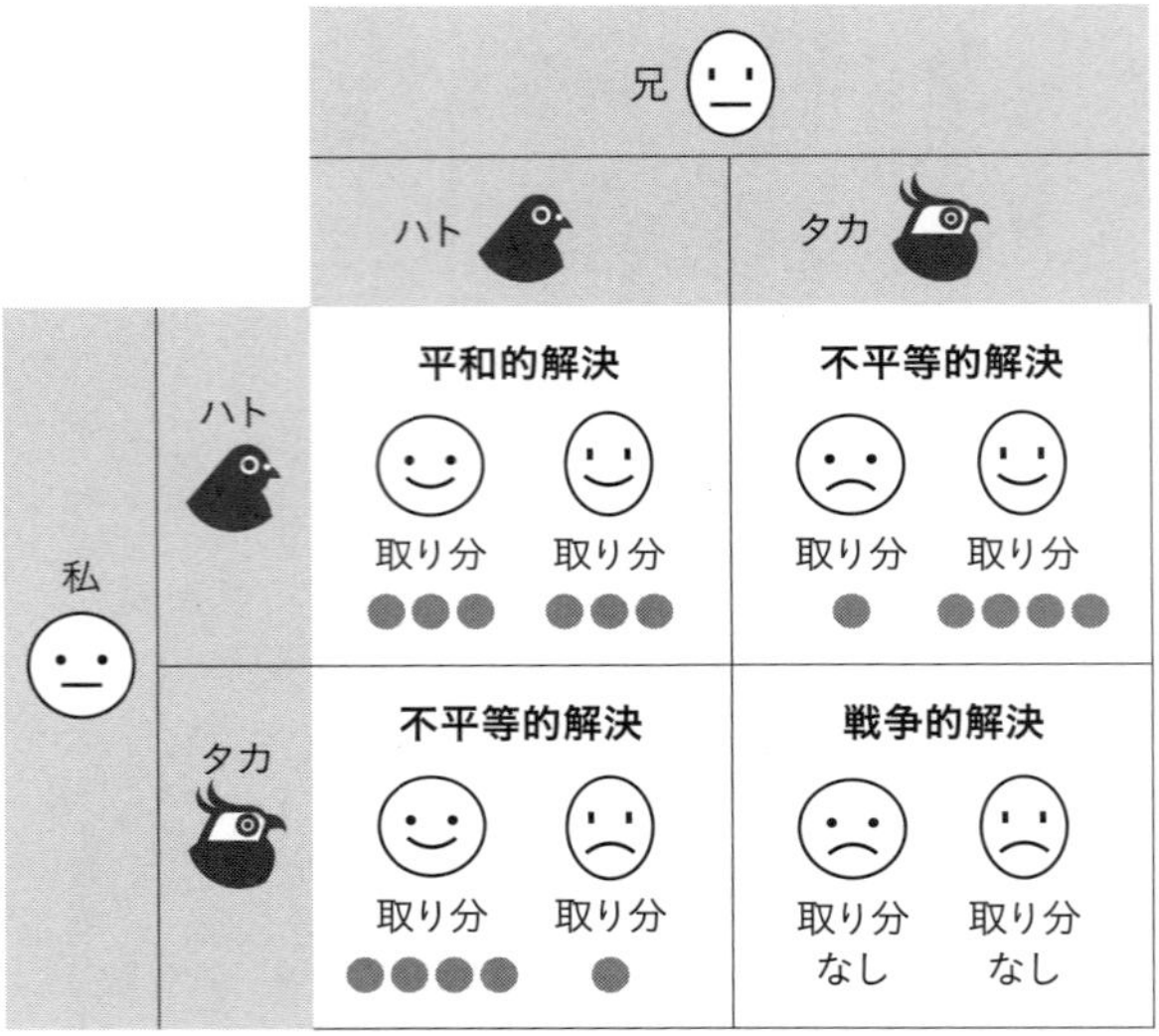

図2―4：タカハト・ゲーム

時に決めるとする。

2人ともハトを選ぶなら、仲良く3つずつボーロを分け合うことができる。これは「平和的解決」を意味する。

2人ともタカを選ぶなら、けんかになり、6つのボーロはみな踏みつけられてしまう。だから、2人ともボーロを1つも食べられない。これは「戦争的解決」を意味する。

ならば、私がタカ、兄がハトを選択するとどうなるか。タカである私は、まずボーロ1つを踏みつけて、兄を威嚇する。ハトである兄は、私を怖がって、ボーロを1つほおばって、そそくさと逃げてしまう。

こうしてタカである私は、4つのボーロをせしめることに成功する。言うまでもなく、私がハト、兄がタカの場合には、立場がそのまま逆転することになる。これらは「不平等的解決」を意味する。

2人が共通して、「一方はハト、他方はタカ」という予測を立てるならば、この予測は自己実現的になる。相手がタカなら、自分もタカとするとボーロを1つも食べられないから、自分はハトとして、ボーロ1つを確実にせしめるほうがましである。相手がハトなら、自分はハトでなくタカとすればボーロを1つ余計にせしめることができる。

だから、ゲーム理論の用語を借りるなら、不平等的解決である「私はハト、兄はタカ」および「私はタカ、兄はハト」は、ともにナッシュ均衡になる。

一方、平和的解決である「私はハト、兄もハト」、および戦争的解決である「私はタカ、兄もタカ」は、どちらもナッシュ均衡にならない。相手がハトなら、タカを選びたくなるし、相手がタカなら自分はハトにしたくなるから、自己実現的でないからだ。

以上より、タカハト・ゲームという名の交渉のゲームにおいては、「平和的解決」も「戦争的解決」もどちらも起こらず、一方がたくさんせしめて他方が泣き寝入りするような「不平等的解決」のみが実現すると説明されるのである。

以上に述べたことは、私の思考実験にもとづくものではない。そうではなく、私と兄が、もし「木や石」のように、無感情でタカハト・ゲームに直面した場合にはどうなるのか、を説明したものである。

2人が自分のボーロの獲得数にのみ関心があるとするならば、「平和的解決」、「戦争的解決」、「不平等的解決」という3つの異なるタイプのうち、「不平等的解決」のみがナッシュ均衡になる、と述べたのである。


ここからこのキュレーションの本題に入る。

思考実験をする私は、お互いの行動を予測するにあたって、何らかの感情の作用を感じずにいられない。こんな感情の作用をていねいに考慮するなら、上述した結論とはまったく違った説明が成り立つことになる。

つまり、私の思考実験においては、私と兄は、おやつそっちのけで、争ったり、仲良くしたりするのだ。

心理ゲーム

合理的な経済人は、相手の立場に立って考えようとする。そうすることによって、相手の行動について予測を立てる。その予測は、もし自分がその立場であれば自分もそうするであろうと同感するものかもしれないし、そうでないかもしれない。

しかし、仮に同感するからといって、相手の行動についての予測の内容が、いつも快く受け入れられているとは限らない。自分もそうするだろうと同感できる予測が、相手に対する悪感情を引き起こすことだってある。そして、この悪感情は、実際の行動決定にも影響を与えることになる。

このことは、前述したケースとは別の、もう1つの内生的選好の在り方を示唆している。それは、「行動の予測が引き起こす内生的選好」である。

こんな内生的選好を考慮することによって、タカハト・ゲームをもう一度検討してみよう。私も兄も同じように、「私はハト、兄はハト」と予測しているとしよう。この時、私は以下のような感情を抱く。

「私はハトを選ぶ」と兄は予測している。にもかかわらず「兄はタカでなくハトを選ぶ」。このように私は予測している。兄は、タカを選べばボーロを1つ余計に食べられたところを、あえて我慢しているわけだ。そのおかげで、私は2つ余計に食べることができる。なんていい兄だ。お兄さんありがとう！

このような感情を抱く私は、もはやタカを選ぶことなどできるわけない。こうして、「私はハト、兄はハト」という予測は、兄への感謝の感情を引き起こし、この感情がおやつの誘惑を抑えて、私と兄双方に、自己実現的にハトを選択させるのである。タカという不誠実な態度をとることを嫌って、ハトの態度で感謝の意を示そうとするのである。兄についても同じ議論が成り立つ。

だから、内生的選好を考慮すれば、平和的解決はナッシュ均衡になる（図2－5）。

しかし、逆も起こりうる。私も兄も同じように、「私はタカ、兄はタカ」と予測しているとしよう。この時、私は以下のような感情を抱く。

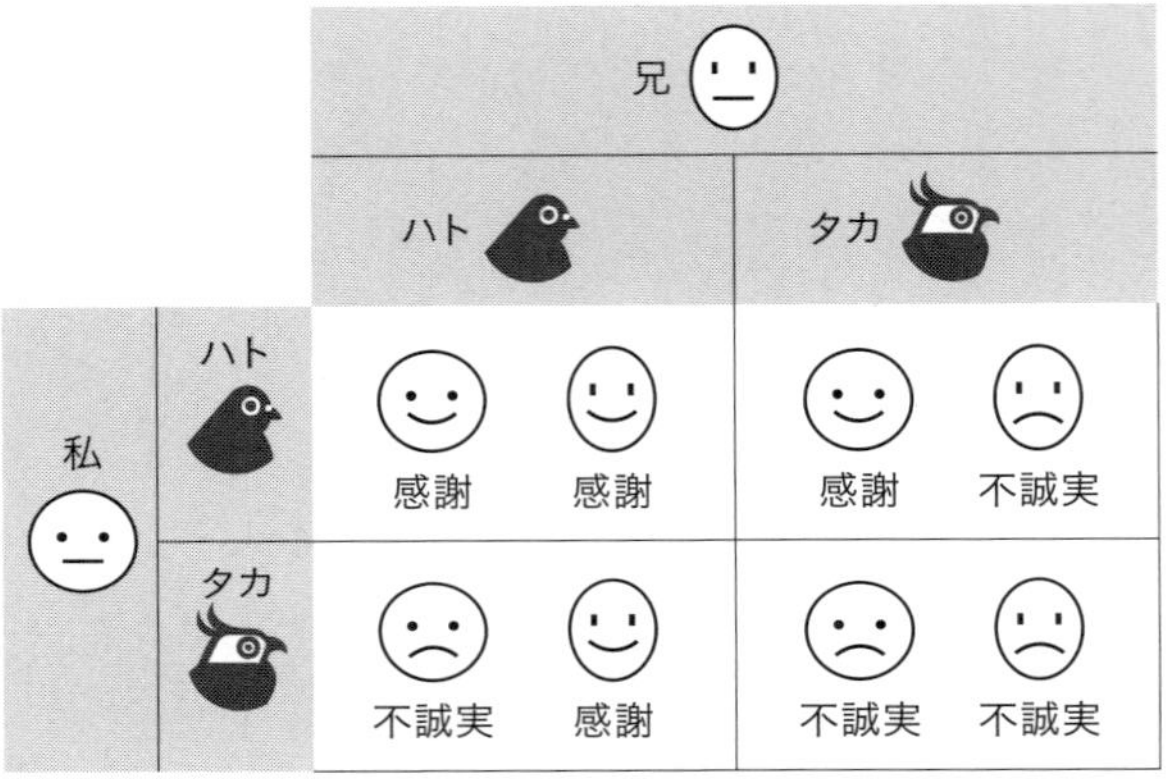

図2—5：心理ゲーム（1）　「ハト、ハト」を予測する場合

「私はタカを選ぶ」と、兄は予測している。にもかかわらず「兄はハトでなくタカを選ぶ」。このように私は予測している。兄は、ハトを選べば1つ余計に食べられたところを、あえて我慢している。そのせいで、私は4つ食べることができたところを、何も食べられなくなってしまう。なんていやな兄だ。お兄さんのばかやろう！

このような感情を抱く私は、もはやハトを選ぶことなどできるわけない。こうして、「私はタカ、兄はタカ」という予測は、兄への怒りの感情を引き起こし、この感情がおやつの誘惑を抑えて、私と兄双方に、自己実現的にタカを選択させるのである。ハトでなくタカを選ぶことによって、不満を解消して溜飲を下げるのである。

内生的選好を考慮すれば、戦争的解決もまたナッシュ均衡になる（図2—6）。

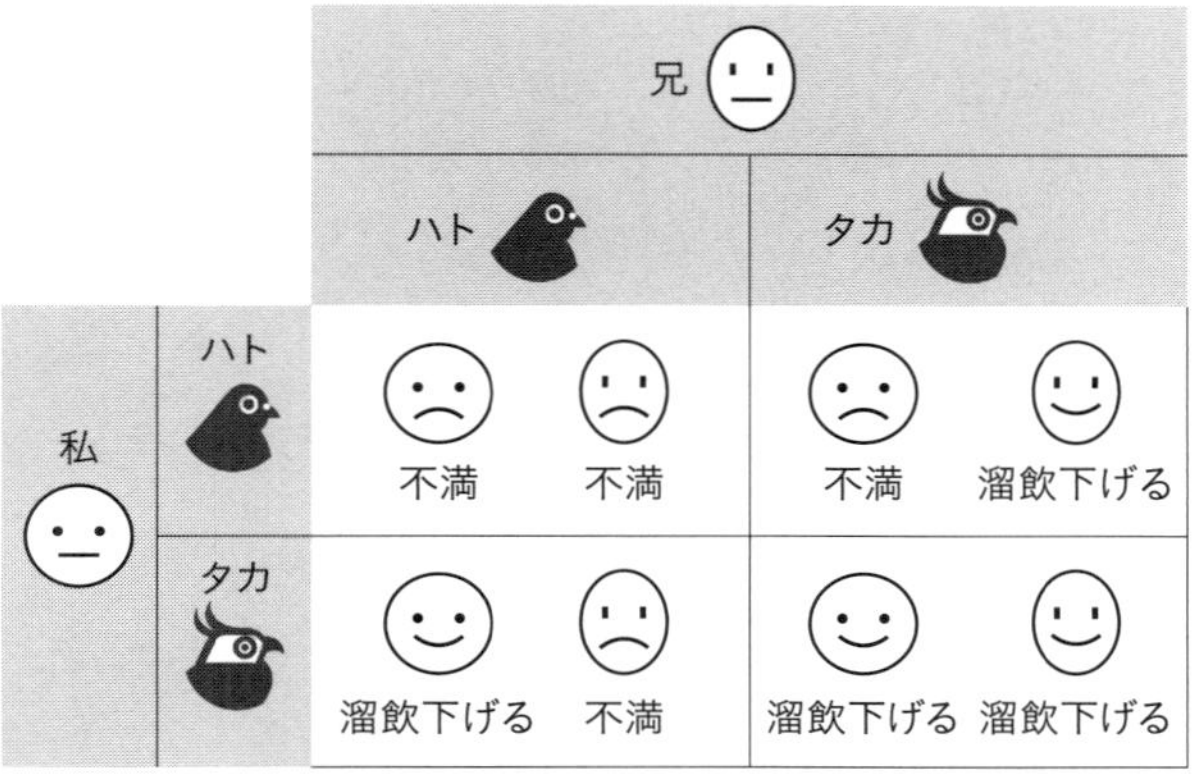

図２―６：心理ゲーム（２）　「タカ、タカ」を予測する場合

以上のように、予測の内容によって、なんらかの感情が生まれ、それゆえに個人が内生的選好をもつようになることを明示的に扱うゲーム理論のアプローチがある。それは、「心理ゲーム（psychological game）」と呼ばれている。*9 タカハト・ゲームを心理ゲームとして分析すると、「ハト、タカ」あるいは「タカ、ハト」という不平等的解決のみならず、「ハト、ハト」と「タカ、タカ」、つまり平和的解決と戦争的解決のどちらも、ナッシュ均衡になるのである。

従順と同調

上述した内生的選好の考え方を使ったエクササイズとして、これから、我々は、「従順（obedience）」と「同調（con-formity）」についての心理ゲームを考察したい。従順と同調は、ゲーム理論が社会理論を開拓していく上で、避けて通ることのできない、内生的選好の最も重要なケースになる。

ここからは、架空のAさんとBさんの関係についての、私なりの思考実験を述べる。

AさんはBさんのボスである。BさんはAさん（ボス）の顔色をうかがう。Aさんには、部下であるBさんに、してほしいと希望している行為がある。Bさんは、希望されている行為を実際にするかしないかを、決めなければならない。

Aさんが希望する行為は、Bさんにとってコストをともなう。だから、Aさんが強く希望していないのなら、Bさんはその行為をしたくない。

しかし、BさんはAさんに認められたい、Aさんに従順でありたい、とも思っている。だから、もしAさんが強く希望しているのなら、Bさんは、Aさんの心中を忖度《そんたく》して、コストをかけてでもこの行為をするかもしれない。

では、Aさんは、「Bさんはこの行為を選択する」と予測しているとしよう。そして、Bさんは、「Aさんは『Bさんがこの行為を選択する』と予測している」ことを知っているとしよう。ならば、Bさんは「Aさんは私にこの行為を選択することを強く希望している」と考えて、こんなAさんの心中を忖度して、この行為を実際に選択するかもしれない。そうであれば、AさんのBさんに対する予測は、Bさんのこのような従順さゆえに、自己実現的になると考えられる。

しかし、Bさんの従順さがさほど強くないのなら、Bさんはこの行為を選択しないだろう。このことを読み込めば、Aさんは、「Bさんはこの行為を選択しない」と予測することの方が妥当になる。

例えば、Bさんは、Aさんが希望する行為について、倫理的に問題があると感じているとしよう。Bさんは、この感情が強ければ、Aさんに従順でありたいとする感情を抑えて、この行為を選択しない。

このように、Bさんは、行為を選択することのコスト、従順でありたいとする感情、行為が倫理的に正しいかどうかに関する感情など、さまざまな欲望や感情の渦巻く葛藤の中にいることになる。Bさんは、これらにどう折り合いをつければいいか、迷うことになる。

ここから、私は、さらに重要な説明を始める。つまり、Bさんのもう1つの感情として、「同調(conformity)」を、この選択の問題に折り込むのである。

Aさんの部下には、Bさん以外にもう1人、Cさんがいるとしよう。BさんとAさんの関係とそっくりの関係が、CさんとAさんの間で成立している。つまり、Cさんもまた、Aさんが希望するある行為を、選択するかしないかについて判断を迫られている。

Bさんは、「Cさんは、Aさんの希望する行為を選択する」と予測するならば、Cさんに同調して、Aさんの希望する行為をしようという感情を強めることになる。同様に、Cさんは、「Bさんは、Aさんの希望する行為を選択する」と予測するならば、Bさんに同調して、Aさんの希望する

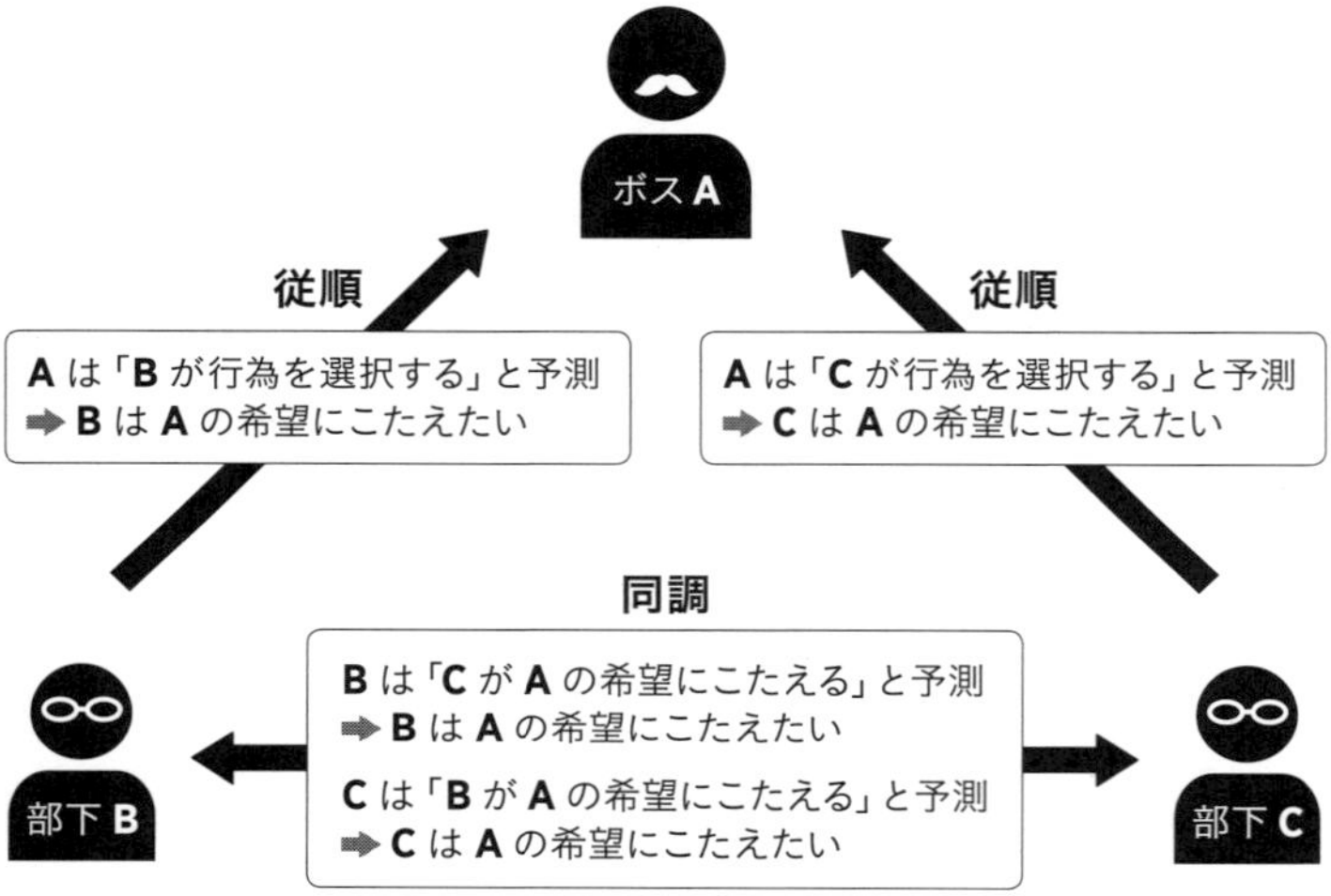

図2—7：従順と同調

行為をしようという感情を強めることになる。

　このように、従順に加えて、同調をも考慮するならば、Aさん、Bさん、Cさんが共通して、「BさんとCさんはともに、Aさんの希望する行為を選択する」と予測することは、たとえコストが高くても、倫理的な問題があろうとも、心理ゲームにおけるナッシュ均衡になりうる、と考えられる（図2—7）。

アイヒマンとヴァンゼー会議

　ここで、我々は、アドルフ・アイヒマンについて言及しないではいられない。アイヒマンは、ナチスドイツにおいて、膨大な数のユダヤ人を収容所送りにした張本人で、第二次世界大戦後、エルサレムで裁判にかけられ、死刑になった人物である。

　アイヒマンは、ヒトラー同様の悪魔のような人物とされてきた。しかし、裁判を傍聴した哲学者ハンナ・アーレントは、アイヒマンを、そうではなく、ごく平凡な小役人風のどこにでもいそうな人物と見切ったのだ。[*10]

私の思考実験における従順と同調は、アーレントによるアイヒマン分析に範をとっていると言ってよい。

アイヒマンは当初、ナチスのユダヤ人政策に疑問すら感じていた。ナチスの命令に従うかどうかについて葛藤があったのだ。

しかし、1942年のヴァンゼー会議に書記として参加した際、出席者全員がユダヤ人撲滅に賛成しているのを目の当たりにしたアイヒマンは、従順と同調以外の感情をシャットアウトしたのである。アイヒマンは、ヴァンゼー会議以降、無批判にナチスへの忠誠を受け入れることに、自らをコミットしたのだ。その後は、ナチスから与えられた任務を粛々と実行し、ユダヤ人大虐殺の悲劇を生み出したのである。

アイヒマンの性格には2つの特徴がある。第1に、ナチスに対して、非常に強い従順と同調の感情が芽生えてしまうという特徴である。第2に、当初はナチスに対する批判的な感情があり、葛藤があったが、他者に同調することによって、それらの感情を消し去ってしまうという特徴である。

任務や決議について、倫理的な問題があると感じ、判断に苦しんでいる状況においては、判断を急ぐあまり、同調感情が他の感情を制してしまうことがある。そして、同調の感情下におかれる個人は、その感情の強さに関係なく、その他の感情には無頓着、無関心になる。

こんなアイヒマンの性格の第2の特徴は、アイヒマンに限らず、もっと一般的な人間の、よくある性格と考えられる。ナチスドイツにおいて、多くのドイツ人がユダヤ人虐殺に間接的に加担していったことは、同調以外の感情には無頓着になるという、この第2の特徴が、かなり普遍的な人間本性であることを裏付けている。

全体主義の日常性

ボスは、自分に都合のいい、しかし倫理的に問題のある行為を、自分自身ではなく、部下たちにさせたいと思う。しかし、かれらに、ボスに対する強い忠誠がいつもあるとは限らない。ただし、こんな部下たちでも、アイヒマンの性格の第2の特徴だけは備えているとしよう。ならば、ボスがよからぬ企みを考えている以外は、このボスの集団はごく平凡で、どこにでもありそうな組織である。

問題は、ボスが、世間にばれないような仕方で、集団的な決定のプロセスを巧みに操作することによって、部下たちのわずかな忠誠心を最大限に利用し、かれらから、自己実現的に、ボスに都合のいい行為を引き出すことができるかどうか、である。もしできるのなら、アイヒマンのような全体主義の悪夢が、もっと日常的にデザインできることになる。

それは、どのような環境で、どのようなプロセスをデザインすることで、可能になるのか。このような悪夢は、どうすれば防ぐことができるか。

これらの、深刻な問いについて、第4章「全体主義をデザインする」で詳しく解説することにしたい。

第3章　ワンコインで貧困を救う

不都合なインセンティブ

ケインズの美人投票

夏の暑い日、ある家族の1人が、遠く離れたアビリーンという町まで、車を飛ばして家族旅行をしようと提案した。他のメンバーは誰もこの提案に反対しなかった。しかし、炎天下のドライブは快適なものではなかった。旅行からもどると、提案者以外みな口をそろえて、「本当は行きたくなかったのに」と文句を言った。

これは「アビリーンのパラドクス」と呼ばれているエピソードだ。集団で合意したはずの決定は、実は、場の空気を読んで遠慮がちな態度をとる「事なかれ主義」によってもたらされた悲劇であり、みんなに不利益をもたらしてしまうことがある、というわけだ。

このような「集団的決定の失敗」は、場合によっては、個々人がもっと冷静になって考えていれば防ぐことができたかもしれない。しかし、たとえ冷静に判断でき、自分の利益に忠実に行動をとれたとしても、集団的決定の失敗は、自己実現的にも起こりうる。

例えば、経済学者ケインズは、主著『雇用・利子および貨幣の一般理論』[*1]において、株価の決まり方は美人投票に似ていると述べている。これは、集団的決定の失敗が自己実現的に起こることを、以下のように物語っている。

女性を数名リストアップして、複数の男性に、その中から一番の美人と思われる女性1人に投票させる。特定の女性の容姿が抜きんでていると思うのなら、その人に投票することにやぶさかでなかろう。誰でも率直に自分の好みを人に伝えたいと思うからだ。

ところが、「一番得票数の多かった女性に投票した男性には賞金をあげる」というルールを追加すると、状況は一変する。男性たちは、誰が一番美人かを考えるのではなく、誰が一番得票数を稼ぐかを考えるようになるからだ。

この場合には、どの女性であろうとも、他の人がみなその女性に投票すると予測されるならば、自分もその女性に投票するのが得になる。そのため、全員が同じ女性に投票する状況が、その女性が美人かどうかに関係なく、自己実現的になってしまう、つまり、ナッシュ均衡になってしまうのだ。こんな賞金ルールの追加のために、誰が選ばれるかは、本来の目的であったはずの「一番の美人探し」というもくろみから無関係になってしまうのだ。

現実の株価は、みんなが予測する将来価格に追随することで決まる。ならば、みんなの予測がかわれば、株価もかわってしまう。だから、ケインズは、市場で集団的に決まる株価のこのようなきまぐれな性質を、先の美人投票にたとえたのだ。

集団的決定の失敗の例は、枚挙にいとまがない。例えば、金融危機は、特定の銀行の経営不安によってのみ引き起こされるわけではない。銀行の預金者の多くが、「同銀行の他の預金者の多くが口座を解約しようとしている」と予測するとしよう。ならば、自分もはやく解約しないと、お金が戻ってこなくなる。そう思うならば、銀行の経営が健全であるかどうかに関係なく、自己実現的に、つまりナッシュ均衡として、取り付け騒ぎが起きてしまうはめになる。

もっとも、みんなが一番の美人に投票すると予測されるなら、ちゃんと一番の美人が選ばれる。みんなが口座を解約しないと予測されるなら、銀行はつぶれず健全に経営される。つまり、まともな集団的決定もまた、自己実現的、つまり、ナッシュ均衡になっている。

悪い均衡を消す

だから、こんな集団的決定の失敗の核心は、同じゲームをプレイしているのに、良い均衡と悪い均衡がどちらも存在する点にある。どのナッシュ均衡が実際にプレイされるのか、良い均衡がプレイされるのか、悪い均衡がプレイされるのか。これについては、先験的にはわからないことに、事の本質がある。

この指摘は、第2章の「キュレーション2」にも関連している。繰り返しゲームにおいては、協調的な関係も、不幸せな関係も、さまざまな関係性がナッシュ均衡になる。どのナッシュ均衡が実際に実現するかは形式論理だけではわからない。そのために、アビリーンのパラドクス、株価の決定、金融危機などといった、集団的決定の失敗は、それが一端発生してしまえば、何の策もなくあきらめてしまうような、不運な事態としてとらえられがちになる。

しかし、本章は、このような失敗が生じる状況を打開する方法を何とか思いつけ、という難題にチャレンジするのだ。つまり、いらないナッシュ均衡を排除して、望ましいナッシュ均衡だけを残すように、集団的決定のルールを変更する、つまり制度設計（メカニズムデザイン）を工夫する、というチャレンジである。

ルールを大きく変更してしまっては、集団的決定の本来の目的をも失ってしまう。だから、ルールを少しだけ変更することで、いらないナッシュ均衡をすべて排除でき、しかも望ましいナッシュ均衡だけを残すような、うまい工夫はないだろうか。これが、ゲーム理論家の目指すべき、ここでの目的になる。

ナッシュ均衡が1つだけ存在し、それはみんなが望ましい決定だと合意している、という集団的決定のルールを、元のルールのわずかな変更だけで、つまり、たかだか「ワンコイン」程度のペナルティー（あるいはボーナス）のルールの追加によって、合理的にデザインできるのかどうか。もしできるなら、それはどのようなメカニズムデザインのアイデアなのか。そのアイデアは、集団的決定の失敗の打開策として、どの程度万能と言えるのか。

これらの問いを、以下の例に従って、じっくり考察していこう。そして、本章において、最終的な解決策として提案されるのが、「アブルー・松島メカニズム」と称されるメカニズムデザインである。[*2]

貧困救済の落とし穴

調査員のえこひいき

政策当局が、地域A、地域B、地域Cのいずれかに対して経済援助することを計画している。当局は、最も貧困な地域に援助したい。しかし、実際にどの地域が最も貧困なのかわからない。そこで、これらの地域のことをよく知っている調査員1人に実情を尋ねることにした。

調査員は、各地域の貧困の実態について詳しく把握している。もし協力的であれば、当局に正しいことを話してくれよう。しかし、はたしてこの調査員は、本当に協力的であって、正しいことを話してくれるのだろうか。

調査員は、地域Aで重点的に活動されている方だ。地域Aが援助されるならば、調査員自身の喜びもひとしおだろう。ついで、地域B、地域Cの順で援助されることを希望している。残念ながらこの方は、地域A、地域B、地域Cの順でえこひいきする調査員のようだ。

この調査員は、地域Aが援助されると2万円、地域Bの場合は1万円、地域Cの場合はゼロ円に相当する私的利得を獲得することになる。また、この調査員は、獲得する利得に不確実性がある場合には、利得の期待値が高いことを望む人であるとしよう。このような人は、経済学では、リスク中立的な経済人と呼ばれている。

政策当局が、何の策もなく、「どの地域が最も貧困ですか」とだけ質問したらどうなるか。これでは、調査員は、実態とは無関係に、「地域A」と答えるに決まっている。このままでは正しい情報を素直に話してはくれまい。ならば、どうしたらいいものか。

利得を追求したい個人と貧困を解決したい社会との間に齟齬がある。このことを、経済学では、「負の外部性」が発生しているという。こんな負の外部性を克服するようなインセンティブのルールを、何とか考え出したい。

大きな罰金は張子の虎

そこで、政策当局は、この調査員ときちんと「契約」をかわして、「嘘が後でばれたら罰金を科す」としたらどうなるか。

調査員は、「嘘をつけば後でばれることもあるんじゃないか」と少しは懸念するはずだ。罰金が十分に大きな額ならば、正直に回答するのが得になろう。

これはずいぶん簡便な解決方法だが、はたして本当に効果が期待できるのかは、以下の理由によって、疑問である。

まず、罰金は高額でないといけない。調査員は、本当は地域Cが一番貧困なのに、地域Aだと偽って表明すれば利得2万円を稼ぐことができる。よって、罰金は、少なくとも2万円以上でないといけない。

さらに、調査員は、嘘がばれる可能性が100%だとは思っていないだろう。わずかな確率でしか嘘はばれないと思っている。ならば罰金の期待値「罰金」×「嘘がばれる確率」は2万円以上でないといけない。確率が小さければ、罰金は相当な高額になってしまう。例えば、嘘がばれる確率が1%なら、罰金は200万円以上という高額になってしまう。罰金が高額になれば、実際にそれを実行することは困難になる。支払を確実にするため、あらかじめ保証金（担保）を預かっておくのは策の1つになろう。しかし、めったに発生しない支払いのために、高額の保証金を要求するのもいかがなものか。

結局、こんな高額の罰金請求は、実際には実行できないのだから、「張子の虎」のように役立たずに終わる。

三人寄れば…

ならば今度は、別の方法として、さらに2人の調査員を招いて、計3人の調査員による「集団的な決定」を、いよいよ考えることにしよう。

この場合には、以下のように、インセンティブの問題がだいぶ改善されることになる。しかし、今度は、本章の冒頭で説明した、「集団的決定の失敗」に巻き込まれることになるのだ。

我々は、本章の問題の核心に、徐々に近づいてきている。

各調査員に「どの地域が最も貧困か」を質問するとしよう。2人以上が同じ地域を回答した場合には、その地域に対して援助をする。つまり、3人の意見をもとに、「多数決」で地域を決めるわけだ。3人の回答がまちまちの場合には、ランダムに地域を決めるとしよう。

このような多数決ルールでは、3人とも正直に本当のことを表明することが自己実現的になる、つまりナッシュ均衡になる。このことを、ゲーム理論では、「誘因両立性（incentive compatibility）」がみたされるという。

3人（あるいは3人以上）からなる多数決ルールは、全員が正直に表明することがナッシュ均衡になる、すなわち、誘因両立性をみたす。

例えば、地域Cが最も貧困だとしよう。そして、調査員2人が正直に地域Cを表明するとしよう。この場合、残りの調査員がどの地域を表明しても、多数決によって地域Cに決まることに変わりはない。よって、この調査員には、嘘をつくインセンティブがない。こうして、全員が正直表明することがナッシュ均衡になる（言いかえると、多数決ルールが誘因両立性をみたす）ことがわかる。

しかしながら、多数決ルールには、正直表明以外にも、たくさんナッシュ均衡が存在する。アビリーンのパラドクスにみたような「ボタンの掛け違い」が、ナッシュ均衡になってしまう。つまり、多数決ルールでは、「集団的決定の失敗」という深刻な問題が発生してしまうのだ。

赤信号みんなで渡れば…

例えば、地域Cが最も貧困であるのに、3人とも地域Aを表明することがナッシュ均衡になってしまう。1人がAでない別の地域を表明しても、多数決で地域Aに決まることに変わりはないから、地域A以外を表明することに何らメリットはないからだ。「赤信号みんなでわたれば（みんなで同じ嘘をつけば）怖くない」というわけだ。

同様に、3人とも地域Bを表明すること、3人とも地域Cを表明すること、どちらもナッシュ均衡になってしまう。この性質は、最貧困地域がどこかなどには無関係に成立してしまう。だから、こんな単純な多数決ルールでは、最貧困地域を救済したいという問題の本当の解決には至らないのだ。

単純な多数決ルールでは、正直表明は、唯一のナッシュ均衡にはならない。それどころか、最貧困地域がどこかには無関係に、3つの地域A、B、Cのいずれもが、何らかのナッシュ均衡によって、援助される地域になりうる。どの地域が、つまりどのナッシュ均衡が実際に実現するのか、先験的にはわからないという事態になってしまう。集団的決定の失敗の本質は、まさにここにある。

ならば、集団的決定のルール（メカニズム）のデザインを、もっと上手に工夫することによって、何とか正直表明を唯一のナッシュ均衡にできないものだろうか。

ふたたび張子の虎

ここで、嘘をついたことが後でばれた場合には罰金を支払ってもらうとする契約を、再び検討してみよう。

例えば、実際に援助すべきは地域Cなのに、各調査員は地域Aを表明するとしよう。この場合、ある調査員1人が、地域Aでなく正直に地域Cを表明すると変更すれば、彼は、地域Aが援助されることに変わりはないのに、罰金を逃れることができる。こうして、調査員が同じ嘘をつくナッシュ均衡は、あっけなく排除される。罰金は極少額で事足りるから、前述した実行困難という事態も起きないですむ。一見したところ、これでめでたし、めでたしである。

しかし、実のところ、これでは、問題をすり替えたに過ぎない。残念ながら、2人が地域Aを表明し、残り1人が正直に地域Cを表明する状況は、やはりナッシュ均衡として生き残ってしまう。

地域Aを表明する2人の調査員は、正直表明に変更するか否かによって、地域の決定を左右する「ピヴォット（中心人物、pivot)」になる。つまり、正直表明に変更すれば、地域Aから地域Cに援助対象を変えることができる立場にいる。ならば、もし2人とも地域Aをえこひいきする調査員なら、罰金がよほど高額でない限り、たとえ誰か1人が正直にCを表明するとしても、嘘の表明をやめないことになる。

つまり、この場合は、1人がC、残り2人がAを表明することが、ナッシュ均衡になり、集団的決定の失敗を逃れられない。

こうして、3人の調査員のケースでも、単純な罰金請求は、やはり張子の虎に終わってしまう。多数決ルールでは、正直表明以外に結果の異なるナッシュ均衡がたくさん存在する。低額の罰金だけでは、不必要なナッシュ均衡は排除できない。

ばかげたメカニズムデザイン

ならば、単純な多数決ルールを修正して、メカニズムデザインの別の仕組みを追加的に工夫することによって、何とか、正直表明だけがナッシュ均衡になるように仕向けられないものだろうか。

ここから、我々は、本格的に、英知にたけたメカニズムデザインのアイデアを模索していくステップに入っていく。

メカニズムデザインの仕方に糸目をつけないのなら、そして、ナッシュ均衡を単に形式的な意味合いにおいて消したい、ということに徹するならば、この問題の解決は、いたって簡単である。つまり、もし嘘が発覚した場合には、何らかの、「ナッシュ均衡が存在しないゲーム」を追加的にプレイさせればいいだけのことである。

例えば、「ナッシュ均衡の存在しないゲーム」を、以下のように設計しよう。各調査員は、ゼロ以上の任意の整数を表明する。ただし、無限大（∞）を表明することはできないとする。無限大でないなら、いくらでも大きい整数を表明することはできるとする。そして、3人のうち「最も低い」値の整数を表明した調査員に、わずかな罰金（ワンコイン）を支払わせるとする。

このゲームは「整数ゲーム（integer game）」と呼ばれている。このようにデザインされた整数ゲームには、ナッシュ均衡が1つもないのである。このことは、後々の大事な議論のために、正確に説明しておかないといけない。

各調査員は、罰金を逃れたいので、他の誰かより高い整数を表明したがる。ならば、みなが競ってより高い整数を表明しようとする。これをつきつめていけば、みな無限大を選ぼうとすることになる。しかし、無限大を表明することは、整数ゲームの定義によって、3人の選択肢に入っていない。だから、整数ゲームにはナッシュ均衡がないのである。

例えば、2人のプレーヤーで整数ゲームをおこなうとして、あるプレーヤーが「相手プレーヤーは3を表明する」と予測したとしよう。ならば、罰則をのがれるためには、4以上を表明しないといけない。一方、3を表明すると予測されている相手は、相手の相手は4以上を表明すると予測することになる。ならば、3をやめて5以上を表明しようということになる。このことをさらに相手の立場に立って読み込めば、ならば4以上でなく6以上にしないといけない、ということになる。

このようにして、数字についての予想値はとどまることを知らずどんどん上昇していく。こうして、整数ゲームにはナッシュ均衡がないことがわかる。このことは、3人以上で整数ゲームをおこなう状況でもまったく同じである。

この整数ゲームを、多数決ルールに組み入れれば、いとも簡単に問題が解決してしまう。つまり、もし誰かが嘘をついていることが事後的にばれた場合には、追加的に整数ゲームをみんなにプレイさせるとすればいいのだ。こうすれば、いとも簡単に、嘘をつくと（整数ゲームをプレイさせられるので）ナッシュ均衡がなくなる、というからくりができあがる。

「ナッシュ均衡が存在しないゲーム」を追加するこのようなメカニズムデザインの仕方は、ゲーム理論における「メカニズムデザイン」という分野の中の、「遂行問題（implementation）」という研究テーマにおいて、繰り返し使われてきたアイデアである。[*3] しかし、整数ゲームを現実にプレイするとなると、きわめて深刻な機能不全に陥ってしまう。つまり、かぎりなく大きな整数を選択することには、現実的には、表明にともなうコストがかかる。整数ゲームにおいて、かぎりなく大きな数字を表明するという行為自体が現実的に実行不可能である。

こんなコストをきちんと考慮すれば、例えば、みなが十分に大きな数字を、しかもランダムに表明することがナッシュ均衡になることがわかる。ランダムに表明するのをやめて、みんなより大きな数字をきちんと表明しようとすると、ずいぶん手間がかかってしまう。こんな手間を考えれば、罰金を払うリスクを少しくらい負った方が楽だ。だから、上述したようなナッシュ均衡が存在しなくなる論理は、現実には妥当しないのだ。

整数ゲームの実用には、このような心理的なコストの発生の余地をとりのぞくような、何らかの工夫が伴っていないといけない。しかし、そんな工夫は存在しなさそうだ。整数ゲームは、実験でその真価をためすことすらできないこまった代物なのである。

整数ゲームには、まだまだ問題がある。おそらくより重要な問題点としては、単にナッシュ均衡が存在しないゲームだというだけで、現実の経済主体がそのゲームをプレイすることを避けようとするかどうかだ。そうはしないだろう。

例えば、全調査員が、共通のお気に入りである地域Aを表明するとしよう。そして、最貧困地域をCとしよう。ならば、彼らは、嘘を表明していることになるから、整数ゲームをプレイすることを強要される。このゲームにはナッシュ均衡はない。しかし、ナッシュ均衡がないという理由だけで、はたして、彼らは整数ゲームのプレイを嫌うあまり、地域Aの表明をやめて、正直表明に切り替えるのだろうか。そうはしないだろう。

整数ゲームにおける損得はたかだかワンコインである。ならば、整数ゲームでどのようなプレイがなされようとも、その結果は、地域Aを表明し、地域Aが経済援助されることのメリットに遠く及ばない。

つまり、整数ゲームの導入は、多数決ルールを、ナッシュ均衡を考えるにふさわしくないような、「ばかげたメカニズム」にすり替えただけだ。これでは、問題の解決には程遠い。

だから、別の、もっとましなアイデアを思いつけ、となってくるのだ。

アブルー・松島メカニズムのマジック

ここで、政策当局が直面している問題を、もう一度きちんと整理しておこう。

ワンコインで貧困を救う

3人の調査員は、地域A、地域B、地域Cのうちどの地域が最も貧困かを知っている。なので、彼らにはぜひとも正直に表明してもらいたい。ただし、各調査員にはえこひいきする地域がある。だから、策のないまま、ただ質問しても正しい答えは返ってこない。

一方、彼らは、わずかではあるが、嘘をつくと後でばれる可能性があると思っている。しかし、こんな嘘つきに対して、大きな罰金を課すことはできない。

よって、当局は、ワンコイン程度の少額の罰金のみを使って、各調査員にとって正直表明が唯一無二のナッシュ均衡となるように、しかも「ばかげてない」仕方によって、メカニズムをデザインしなければならない。

では、当局は、メカニズムデザインによって、本当に、ワンコインのみで、最貧困地域を救済することができるのだろうか？

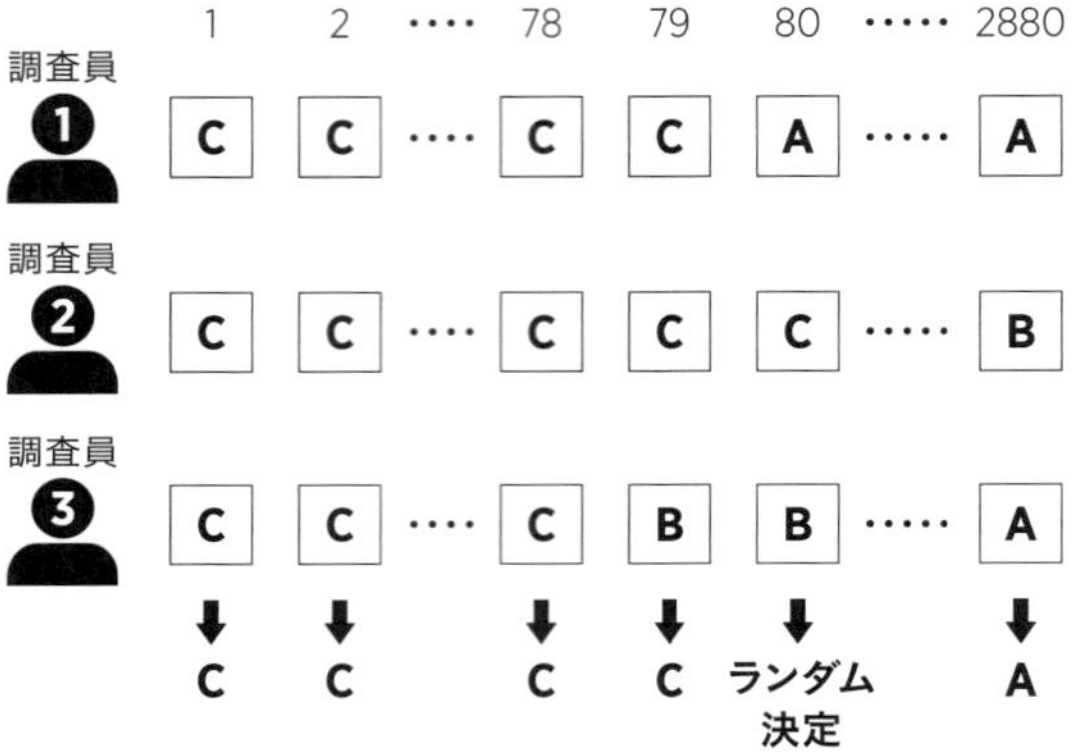

図3―1：アブルー・松島メカニズム（1）　幾度も同じ質問をする

以下、本章のクライマックスとして、「アブルー・松島メカニズム」と称されているメカニズムデザインのアイデアを解説しよう。

アブルー・松島メカニズムを使うことができれば、ワンコインで貧困を救うことができる。[*4] 私の知る限り、集団的決定の失敗を逃れるしくみの具体的なアイデアは、アブルー・松島メカニズムしかない。

アブルー・松島メカニズム

当局は各調査員に「どの地域が最も貧困か」を質問する。その際、「ある一定期間の猶予」を設けて、その間であれば、表明内容を幾度も変更してよいとする（図3―1）。

例えば、2日の猶予期間を設け、1分刻みでいつでも変更できるとする。この場合には、各調査員は、2880回表明内容を変更できる。これは、各調査員が、「どの地域が最も貧困か」という同じ質問に対して、288

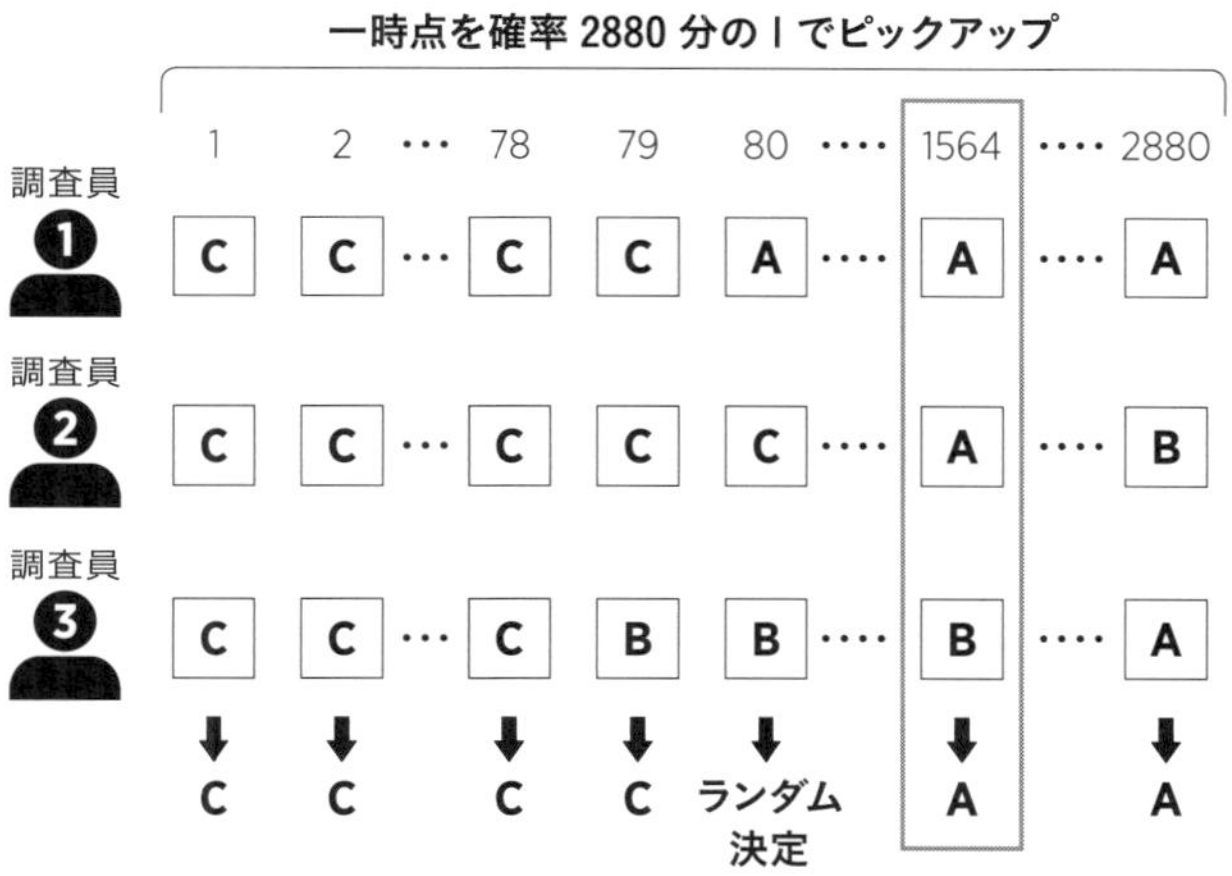

図3―2：アブルー・松島メカニズム（2）　ランダムに一時点をピックアップする（ここでは 1564 時点）

0回繰り返し回答するのと同じことだ。

当局は、猶予期間終了後、猶予期間内の2880時点から1時点をランダムにピックアップする。ピックアップされた時点で各調査員が表明した内容をもとに、「多数決ルール」によって、救済する地域を決定する。（3人がそれぞれ別の地域を選んだ場合、多数決では決まらないので、A、B、Cのどれにするかは、これまたランダムに決めるとする。）

例えば、総計2880時点の中から、1564時点目が、確率2880分の1で、ランダムにピックアップされるとしよう。1564時点目（回目）では、3人の調査員はA、A、Bを表明していたとする。ならばこの場合には、多数決ルールによって、地域Aが選択されることになる（図3―2）。

さらに、当局は2％という低確率で、事後的に正しい地域を立証できる（嘘を見抜ける）とする。もし正しい地域がどこかを立証できた場合には、嘘をついた調査員に対して、以下のルールに従って、ワンコイン（500円）の罰金が科せられる。

これから説明される罰金ルールの設定は、アブルー・松島メカニズムのデザイン設定の一番大事な部分になる。罰金のルール設定に、各調査員に嘘の表明を躊躇させることになる、とっておきの「魔法（ゲーム理論マジック）」がかけられているのである。それは、すなわち、

猶予期間中「最初に」嘘をついた調査員にのみワンコインを払わせる

とすることである。

例えば、正しい地域がCであるとする。そして、各調査員は78時点まではみなCを表明していた。しかし、79時点目において、調査員3だけがBを表明し、残りの2人は依然としてCを表明したとする（図3―3）。この場合、確率2％で、調査員3が罰金を払うことになる。残りの調査員は、仮に80時点以降嘘を幾度も表明したとしても、罰金を支払うことはない。なぜなら、彼らは、最初に嘘をついた人ではないからである。

なぜ、この罰金ルールが魔法になるのかを、篤と説明するとしよう。

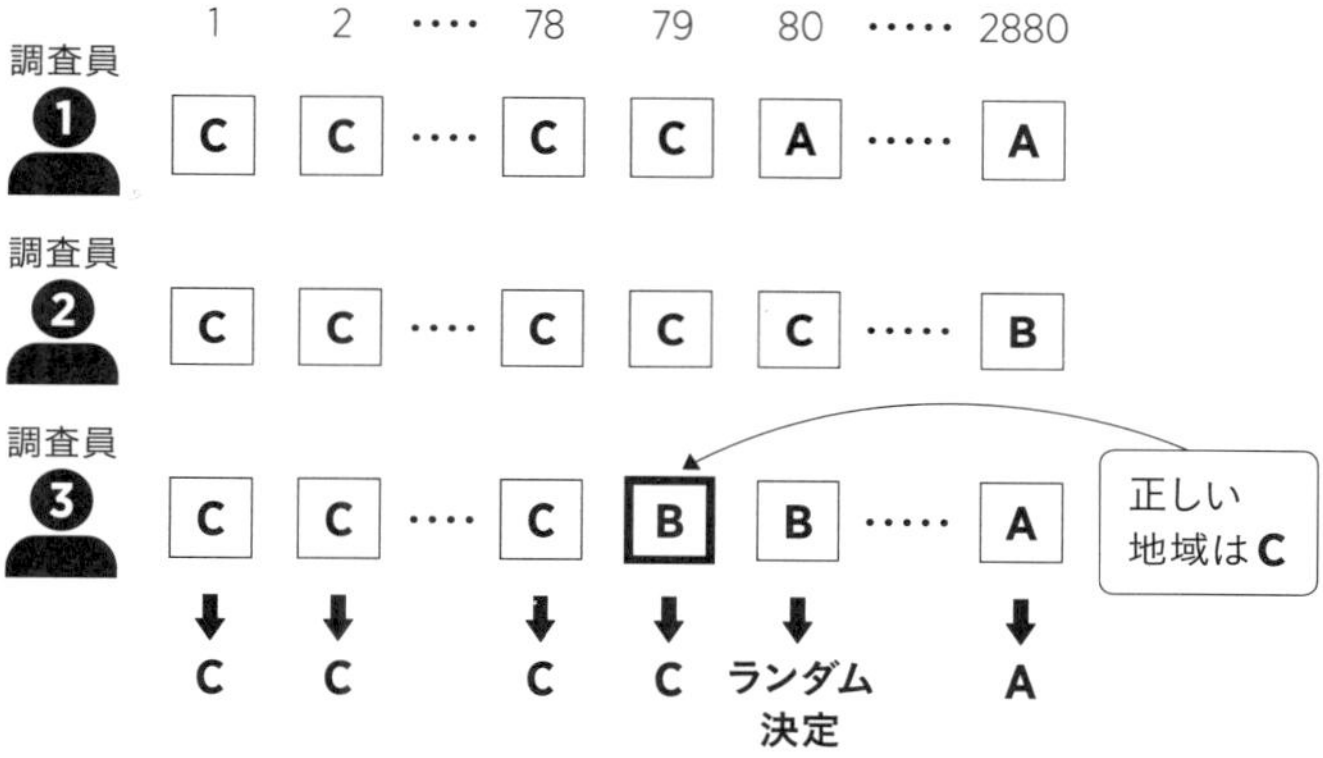

図３—３：アブルー・松島メカニズム（３）　最初の嘘つきを罰する（ここでは、79時点で嘘をついた調査員３）

２８８０回（時点）のうちの、任意の１回の表明内容が地域決定に使われる確率は、２８８０分の１である。だから、各回（各時点）で嘘をつくことのメリットは、高々20000/2880円、つまり約７円以下である。

一方、最初に嘘を表明した調査員が支払う罰金の期待値は、嘘がばれる確率が２％（50分の１）だから、５００円×２％＝10円になる。これは低額であるものの、７円よりは高額である。このことが、２８８０回すべてにおいて正直表明を引き出すための原動力になる。

まず、各調査員は、初回（最初の時点）において嘘をつくことを躊躇する。嘘をつくことで地域決定に影響を与えうるとしても確率２８８０分の１のことであり、高々７円程度のメリットしかない。これに対して、初回に嘘をつけば、確実に最初の嘘つきになるのだから、期待値10円のペナルティーをうけるはめになる。これは7円より高額だから、最初回の時点に嘘の表明をすることを躊躇させるに十分である。

他の調査員がみな初回に正直表明している場合には、初回に嘘をついても地域決定に何ら影響を与えないので、初回に嘘をつくメリットはそもそもない。

こうして、調査員は初回ではみな必ず正直表明することがわかる。ならば、初回はみなが正直であることを前提としていい。

次に、初回はみなが正直であることを前提とすると、上とまったく同じ理屈で、最初の嘘つきになるのを避けたいので、次の回（次の時点）においても、どの調査員も嘘を表明しないことがわかる。次の次の回、次の次の次の回、それ以降ずっと、まったく同じ理屈で、どの調査員も嘘を表明しないことがわかる。

このように、ドミノ倒しのように、嘘をつこうかどうか企んでいる調査員は、嘘をつくのをあきらめ、正直に転向していくのである。それは、相手と同じタイミングかそれより前に嘘をつくと罰金を払わされる恐れがあるからである。「嘘をつきたいが、相手よりは後にしよう」というインセンティブが、このルールによって生み出され、そのために、みんなを正直者に転向させることができるのである。

お互いに、頭の中でいたちごっこのような理屈をかさねていくうちに、だれもが、一切嘘をつかないことに一番のメリットを感じるようになるのである。

こうして、アブルー・松島メカニズムにおいては、必ず全調査員はすべての回（すべての時点）において正直表明することが証明される。アブルー・松島メカニズムにおいては、正直表明が、当局に対する、合理的に妥当な唯一無二の回答になる、つまり唯一のナッシュ均衡になる。ほんのわずかなワンコインの罰金によって、最初の嘘つきにはなりたくないというインセンティブを引き出し、その結果全員を正直表明するように仕向けることができるのである。

アブルー・松島メカニズムは、ワンコインで最貧困地域を救うことができる。

アブルー・松島メカニズムの重要なポイントは、ワンコインの罰金を支払うのは「最初に」嘘をついた調査員だけとする点にある。別のメカニズムとして、もし、最初の嘘つきのみならず、嘘をついた調査員全員がワンコインを払うとするならば、上述したようなインセンティブの連鎖反応は、もはやまったく機能しなくなり、罰金請求は再び張子の虎と化してしまう。

例えば、調査員1と調査員2はともにA、調査員3はCを、すべての時点において表明するとしよう。そして、地域Cが最貧困であるとしよう。この時、アブルー・松島メカニズムであれば、調査員1と調査員2は最初の嘘つきであるから、最初の時点でAを表明するのをやめて、Cに変更することになる。そして、いたちごっこの連鎖が続くことになる。

しかし、もし任意の1時点でも嘘をついていて、それがばれたら、最初の嘘つきであろうとなかろうと罰せられるとするならば、こんないたちごっこの連鎖は起こらず、よって、誰も表明を正直に変更しようとはしない。

調査員1と調査員2は、罰金を逃れるためには、全時点において正直にCを表明しないといけない。しかし、そうすると、多数決による社会的決定は、どの時点が選ばれようとも、確実にAからCに変更されることになる。

調査員1と調査員2はCが選ばれることを好まないので、罰金の期待値である10円程度の金額は、もはや惜しまれるような額にならない。だから、このケースでは、調査員1がA、調査員2がA、調査員3がCを表明し続けることがナッシュ均衡となり、集団的決定の失敗を逃れられないことになる。

こうして、インセンティブの連鎖反応を引き起こす秘訣は、「最初の嘘つきのみを罰すること」であることがわかる。そして、これにつきるのである。

ここで、整数ゲームを用いた「ばかげたメカニズム」と、アブルー・松島メカニズムとを、もう一度、深く、比較検討してみよう。ここには、「世界の秩序」についての相異なる見方が垣間見える。

天国への階段

整数ゲームを用いたメカニズムの基礎となる考え方は、正直に表明すること（天国）を、まるで掟や戒律のようにとらえている点である。これを破れば、整数ゲームのような混沌（奈落）に落ちていく。そして、「いったん落ちると這い上がれない」とするのである。このことを合理的に推論した結果、みんなが、混沌という奈落に落ちないように自らを律して、正直表明という秩序を守るインセンティブをもつようになると説くのである。

しかし、すでに解説した通り、この考え方は破たんしているのだ。

これに対して、アブルー・松島メカニズムは、たとえ正直表明という秩序から逸脱しても、また正直表明に自力で這い上がることができるというしくみになっている。

奈落に突き落とされる恐怖を逃れたいため掟を守らせようとするではなく、奈落から自ら這い上がって、さらには天国に到達できるように、階段をつくることによって、秩序を維持しようとする考え方が、この背景にあるのだ。

つまり、「最初の嘘つきにのみ小さな罰則を与える」というアイデアが、小さなたくさんのステップによって構成される「天国への階段」となって、人々を混沌から救済するのである。

アブルー・松島メカニズムは、罰金の額が500円でなくても、100円でも、10円でも、あるいはたった1円でも、十分に機能しうる。嘘が立証される確率が、2％より低くても、例えばうんと低くて0・00001％であっても、大丈夫、大丈夫。

限定合理性

どんなに悪条件であっても、変更できるタイミングを、分刻みより短く、秒刻み、さらにはナノ秒刻みといった高頻度にすれば、同じようにインセンティブの連鎖反応を引き出すことができる。

アブルー・松島メカニズムは、極少額の罰金だけで十分に機能する。調査員（プレーヤー）の気持ちに、「嘘がばれるかもしれない」という不安が、ほんの少しでもありさえすれば、彼らに確実に正直表明させることができる。

もっと選択肢がたくさんあっても、さらには望ましい選択肢はどれかについて不確実な情報しかわかっていなくても、「最初の嘘つきをワンコインで罰する」アイデアは依然健在である。

しかし、こんなうまい話にも欠点はつきものだ。それは、「レベルK」と呼ばれる、現実の経済人の「合理性の限界」に関係することである。[*5] 実験室において、アブルー・松島メカニズムを生身の被験者にプレイさせてみると、すぐにわかる。現実の被験者は、おいそれとはこの理論通りにふるまってくれないのだ。

経済主体が正直に表明すべきだと確信するためには、繰り返し推論していって、相手が早い回(時点)では嘘をつかないことを、各経済主体が合理的に予測できることが必要になる。そうなればドミノ倒しの論法は現実のものになる。しかし、現実の経済主体は、このくどい推論の繰り返しを面倒くさがって、途中でやめてしまうかもしれない。繰り返しの回数のレベルを「$K=2$」くらいであきらめてしまうかもしれない。

さらには、経済主体同士が「談合」する恐れもある。たったワンコインのためにごひいきの地域Aが援助されなくなるとなれば、みんなで事前に話し合って、「ワンコインは無視しよう」ということに同意するかもしれない。これでは魔法はとけてしまいかねない。[*6]

だから、アブルー・松島メカニズムのように理論的に精緻なモデルの場合、実践する際には、次のような、用意周到なお膳立てが必要になってくる。

例えば、猶予期間中は、相手の表明内容を見ることはできないとする。経済主体間のコミュニケーションを禁ずる。事前にトライアルを設けてよく学習させる。そして、一見複雑に見える推論は、実は形式的にはまったく同じ単純なステップを繰り返し踏んでいるだけだということをよく理解させる、などといったことである。[*7]

これらのようなお膳立てのことを真剣に考えていくと、アブルー・松島メカニズムを実践的に利用するためには、もう一工夫か二工夫が必要になるのだろう。

理論と利用可能性

アブルー・松島メカニズムは、この章で例として紹介した最貧困地域救済問題に限ることのなく、もっと普遍的に通用するアイデアである。しかし、これは、あくまで「仮説的モデル」での話である。

現実に役立てるためには、アブルー・松島メカニズムを単に機械的に当てはめてはいけない。メカニズムの参加者に正直な表明を促すような「誘導の工夫」が必要になるのだ。

アブルー・松島メカニズムには、猶予期間を設けること、過去の表明からランダムにピックアップすること、事後的に観察される情報をもとに罰金を請求する、などなど、いつでも容易に実行可能とは言えないような、「人工的」にデザインされたしくみが使われている。このことは、さまざまな局面で、現実的な利用可能性を制限してしまうだろう。

我々は、1つのゲーム理論のモデルには、得てして複数の自己実現的な状況、つまり複数のナッシュ均衡が存在することを見てきた。ゲーム理論だけではどのナッシュ均衡が実現するかを、なかなか説明することができない。そのため、例えば、第2章のキュレーション2のように、ゲーム理論と歴史的経路についての実証とをすり合わせる作業などを奨励したのだ。

しかし、アブルー・松島メカニズムは、集団的決定の失敗という困難な問題に対して、ゲーム理論が具体的な解決の術を示した稀有なケースである。

このメカニズムを、例えば、取り付けによる金融システムの不安定性を解消する制度設計などに応用することが、今後に望まれることであろう。そして、この作業には、学際的な協力体制が必要になろう。

ゲーム理論の仮説的モデルが現実に利用される可能性は、いつもモデルの創始者の想定の範囲にあるとは限らない。第2章のキュレーション1で紹介した「マックスミニ戦略」のアイデアは、テロ対策のような重要な応用に至るまでに一世紀近くかかった。1960年代に経済学者ヴィックリーは、入札制度のすぐれた設計方法である「VCGメカニズム」の基本型を発表した。しかし、それが本格的な制度設計のアイデアとして世間に認知されるまで、40年かかった。どちらも、アルゴリズムなどの他分野の技術進展の助けを借りて、実用化に向かっていった。

アブルー・松島メカニズムは1990年ごろに誕生したアイデアである。どのような実用化が可能かは今後に託されている。

次章について

本章は、アビリーンのパラドクスとケインズの美人投票などから話を起こして、集団的決定は時として望まれない結果を招いてしまうため、そうならないように、新しいメカニズムデザインのアイデアを思いつこう、というテーマを論じた。そして、アブルー・松島メカニズムが、この深刻な社会科学の問題に対する、仮説段階での唯一の解答であることを説明した。アイデアの基本は、「最初の嘘つき（のみ）が罰せられるとする」ということである。罰則は少額（つまりワンコイン）で十分である。

しかし、アブルー・松島メカニズムは、人工的な設計であり、金銭の授受も伴う。だから、当事者同士きちんと契約を交わすことによって、その実行が法的に保証されないといけない。そのため、集団的決定が、倫理的でない目的、反社会的な目的、第三者から見て問題視される目的をもつならば、アブルー・松島メカニズムは利用できないことになる。第三者によって、不適切な決定であると告発されるからだ。

次章では、金銭や物質的な罰則を使わないこと、ルール設計が過度に人工的であってはならないことを前提として、契約を明示的にかわさなくても不都合なナッシュ均衡を排除することができるかどうか、が考察される。

政策当局は、金銭や商品による罰則を使うかわりに、集団的決定の参加者を「マインド・コントロール」することによって、問題視されかねない目的を達成させようとするのだ。では、はたして、マインド・コントロールの催眠術が、どのように可能になるのか。

次章では、ある条件さえそろえば、恐ろしいことに、アブルー・松島メカニズムに類似したアイデアによって、こんなマインド・コントロールがいとも簡単に成立してしまうことが説明されるのである。

第４章　全体主義をデザインする

全体主義に向きあう

ツェッペリン広場にて

私は、短い休暇をとって、ドイツのニュルンベルク郊外にあるツェッペリン広場を訪れてこの原稿を書き始めている。２０１５年８月のことである。[*1]

ここはかつて、アドルフ・ヒトラーがナチの党大会をおこなっていた場所だ。当時のドイツ国民のヒトラーに対する熱狂ぶりは、例えば、レニ・リーフェンシュタール監督の記録映画『意志の勝利』（１９３４年制作、日本公開１９４２年）などを観れば、いやというほど思い知らされるはずだ。

この映画の中で絶叫していたヒトラーの演説台は、今私の目前にある（写真４―１）。

ヒトラー政権は、「ニュルンベルク法」と称される人種差別法を制定するなどして、ユダヤ人を

写真4—1：ツェッペリン広場をのぞむ私のパソコン［写真提供：筆者］

大量虐殺に追い込んでいった。そして、多くのドイツ国民が、こんな悪魔的国家政策に加担していった。

なぜこのようなことが起こったのか。どんな条件がそろえば、これからも起こりうるのか。

本章は、現代においてもタブー視されるヒトラーに代表されるような「全体主義」について、ゲーム理論的に、そして私なりの仕方によって解明する。

全体主義とは、個々人が、自立的に判断する自由や意思を失って、政策当局や権威者といった「地位の高い」人の意図に、無思慮に従っている社会を意味する。こんな全体主義を、ゲーム理論によって解明していこうというわけだ。本章のテーマは実に重い。

私は、父親の影響で、幼いころからベートーベンやワーグナーといったドイツの音楽芸術に親しんできた。特に、フルトヴェングラーという指揮者が、今でも私の大のお気に入りだ。

フルトヴェングラーは、古めのクラシックファンにとっては、再現芸術の頂点とされる人物である。こんなファンにとって、再現芸術は楽曲そのものと同じくらいの高みにある。そのため、ベートーベンとフルトヴェングラーは、時として同格にさえなる。例えば、ベートーベンの交響曲第9番を聞いて感動するのは、ベートーベンに対してではなくフルトヴェングラーに対して、といった具合になるのだ。

こんなフルトヴェングラーが最高潮に活躍したのは、第二次世界大戦中、ヒトラー政権下のドイツだ。しかも、ワーグナーとフルトヴェングラーはヒトラーの大のお気に入りだったそうだ。これでは私とまるで同じじゃないか。ヒトラーというとんでもない悪魔と同じ趣味をもっている以上、私は、邪悪な企みに協力するような大人になっていくんじゃないだろうか。

普段あまり素行のよろしくなかった幼い私は、時々こんな不安を、内心感じていたのだ。

アイヒマンとアーレント

その後だいぶ経って、ユダヤ人を次々に死の収容所に送り込んでいた実行犯が逮捕されたのが、ちょうど私が生まれた1960年であることを知った。さらに時を経て、この実行犯の名前はアイヒマンといい、イスラエルで裁判を受けて処刑されたと知った。ついには、ハンナ・アーレントという哲学者が、アイヒマンの裁判について、『イスラエルのアイヒマン』という本を出版して、大いに評判になったことを知るにいたった。*2

はたしてアイヒマンとはどのような人物だったのか。その残虐な行為から察するに、ヒトラーと同じくらい悪魔の動機をもった人物に間違いない。

ところがアーレントは、裁判の様子を見て、アイヒマンはどこにでもいるごく平凡な小役人風の人物だと分析したのだ。邪悪な動機や企みなど、もともと持ち合わせていなかったというわけだ。

では、何がアイヒマンをこんな大量虐殺に駆り立てたのだろうか。

アイヒマンは、最初はヒトラーの政策に懐疑的だった。しかし、1942年、ユダヤ人大量虐殺を決議したとされている「ヴァンゼー会議」に出席した際、地位の上の人がそれを強く支持していたこと、参加者全員が競って賛同していたことを目の当たりにした。これを契機に豹変して、自分でものごとを判断するのをやめ、上司の意図を常に忠実に実行するという態度を決めこんだ、というわけだ。

従順と同調

ヴァンゼー会議を契機に、「従順（obedience）」と「同調（conformity）」という2つの感情が、アイヒマンの行動を支配するようになったと考えられる。従順とは、上司の意図に忠実にふるまいたいとする感情を指す。同調とは、周りの人が上司に従順であればあるほど、自分も従順でありたいとする感情を指す。

従順と同調以外の感情、例えば、上司の意図することは人道的に問題があるのでそれには従いたくないとか、嫌いな上司なのでむしろ邪魔したいとかいった別の感情は、ことごとく抑制されて、彼の行動に影響を与えなくなった。

私は、第2章キュレーション3において、「心理ゲーム」を使って、従順と同調について解説した。今ここでもう一度、その内容を確認しているのである。

アイヒマンの性格には、2つの特徴がある。1つ目は、非常に強い従順と同調の感情をもっていることである。2つ目は、同調の感情が他の感情をシャットアウトすることである。

アイヒマンの性格は、その第1の特徴については、たしかに特殊と言えるかもしれない。しかし、第2の特徴は、集団の中で、人々が空気を読んで、「事なかれ主義」に徹しようとする、一般の人にも起こりうる心理に相通じる。それは、前章で説明した「アビリーンのパラドクス」のような、「集団的決定の失敗」を誘発する心理である。だから、アイヒマンの性格の第2の特徴は、普遍的な人間の性とみなされてよい。

ならば、もしアイヒマンがヴァンゼー会議で経験したのと同じようなプロセスを人為的に作り出せるとしたならば、我々は、いつでも、どのような問題に対しても、アイヒマンのような心理状態を再現できるかもしれない。つまり、日常的に「全体主義」をデザインできるかもしれない。もしそうなら、これは恐ろしいことだ。

ならば、全体主義のしくみは何かを、ゲーム理論的に思いつくことが、不可欠になる。

この恐ろしい可能性を示唆するエピソードとして、心理学者ジンバルドーによる「スタンフォード監獄実験」がよく知られている。ジンバルドーは、多くの被験者が権力者の非人道的な意図に忠実にふるまおうとする状況を、実験室で作り出して見せたのだ。[*3]

実験主催者は、被験者を、監獄を想定した密室に閉じ込めて、囚人と監視人とに役割分担させる。すると、被験者は、自分に課せられた役割に、まるで際限ないかのように忠実にふるまおうとするようになる。挙句は、深刻な虐待が繰り返される。

実験主催者は、被験者の心理状態をコントロールできてしまう。個人の自立的自由をうばって、全体主義を実験室に再現できてしまう。場合によっては、アイヒマンの第一の特徴のような、強力な従順と同調の感情をも、人為的に引き起こせてしまう。

私は、この実験にみられる現象の内に、集団を考える場合の基本とされるべきアプローチの可能性を感じざるを得ない。例えば、学校のクラスにおいて、生徒が何らかの役割を演じることで、自身のアイデンティティーを保とうとすることが、日常的に想定される。[*4]

とは言うものの、本章は、あえて、これほどまでに強いマインド・コントロールは日常的でないとする立場をとるとしよう。これは、アイヒマンの第2の特徴にフォーカスをあてるためである。

アイヒマンやそれに関連する実験などから、ヒトラーのような邪悪な動機とは別に、従順と同調もまた、全体主義を理解するに欠かせない重要なキーワードであることがわかる。ただし、これらの観測だけでは、全体主義のしくみの何たるかについては、何も語ってくれない。だから、全体主義のしくみについて、我々は、これから新しい何かを思いつかないといけない。

従順や同調といった感情は、集団的決定のプロセスの在り方如何によってさまざまに引き起こされる。これらの感情にともなって生じる心理的な負担（心理的コスト）は、第1章や第2章で説明してきた、社会理論を開拓する上で欠かせない、内生的選好の重要な例である。それは、経済的配分から得られる利己的便益のような、より生得的な、外生的に与えられた選好とは、区別して考えないといけない。

アイヒマンの第2の特徴の意味することは、内生的選好として考えるべき感情は、従順と同調のみだ、ということである。それら以外の感情は切り捨てられる。

本章は、全体主義のしくみを明らかにするため、集団的決定を、従順や同調といった内生的選好を組み入れて、「心理ゲーム」として検討していく。心理ゲームを、自立的自由が失われている全体主義の説明に応用できるならば、どのような議論が成立するのか。これを本章で考えるのである。

心理ゲームと全体主義との関係がわかってくれば、ナチスによる大量虐殺のような大問題に限らず、もっと日常的なハラスメントなどについても、その背景に秘密裏に「全体主義もどき」が成立していて、邪悪な意図が実行されていることを、暴くことができるようになる。

経済主体は、外生的選好をもつがゆえに配分から得られる利己的便益の向上を追求する存在でもある。本章でもこの前提は踏襲される。

そのため、本章は、政策当局が感情をコントロールできるとしても、利己的便益に比べれば、それは微々たる心理的コストの差でしかないことを仮定する。

しかし、従順や同調がもたらすわずかな心理的コストの差を巧みに利用できるならば、プレーヤーから、政策当局の意図に忠実な行動を引き出せるのだ。このことを、これから探究するのである。

マインド・コントロールをデザインする

メカニズムとプロセス

その前に、前章において検討したアブルー・松島メカニズムについて、確認しておきたいことがある。それは、アブルー・松島メカニズムは、政策当局とプレーヤーの間の「明示的」な契約関係であることである。

もしメカニズムに従って配分がなされなければ、政策当局とプレーヤーのどちらかは、裁判所などの第三者に訴えることができる。例えば、金銭の授受がメカニズム通りになされていなければ、被害者は訴えを起こすことができる。

この時、契約内容の詳細は公にされる。もし当局が邪悪な意図にもとづいてアブルー・松島メカニズムをデザインしていたのなら、そのことが白日の下にさらされる。政策当局はこのことで社会的制裁を受けるだろう。

だから、問題のある政策当局ならば、アブルー・松島メカニズムを使わずに、金銭の授受をともなわず、契約という形式すらとらずに、プレーヤーから必要情報を正しく集めることができる術を、何とか考え出さないといけない。

このような政策当局の工夫は、契約をともなう「メカニズム」とは区別して、本章では「プロセス（手続き）」と呼ぶことにしよう。

アブルー・松島メカニズムにおいて利用されていたルール作りの作法のいくつかは、ここではご法度になる。金銭の授受、過去の表明からランダムにピックアップすること、事後的な情報を利用すること、などは、ルールを過度に人工的にするため、本章で言うところのプロセスには使えないとする。

このような制約の下で、政策当局が、プロセスをうまくデザインすることによって、プレーヤーに正直に情報を表明させる具体的な方法を、これから紹介していくとしよう。

貧困救済再考

前章の、最貧困地域救済問題を、再び検討しよう。

政策当局は、地域A、B、Cのうち、最も貧困な地域に援助したい。しかし、どの地域が最も貧困なのか知らない。そこで、これらの地域のことをよく知っている3人の調査員1、2、3に尋ねることにした。各調査員は、全地域の貧困の実態について正しく把握している。

最も貧困な地域はCである。しかし、各調査員は共通して、地域Aをえこひいきしているとする。はたして3人の調査員は正しいことを話してくれるのだろうか。

前章では、「アブルー・松島メカニズム」を使えば全員に正直に答えさせることが可能になると説明された。「最初の嘘つき」にごく少額の罰金を支払わせるようにすれば、各プレーヤーに、ドミノ倒しのように、虚偽表明から正直表明に切り替えさせることができたわけである。[*5]

しかしこの章では、このような罰金がなくても正直にしゃべらせることが可能になる方法が説明されるのである。

それは、罰金の代わりに、従順と同調という感情を巧みに利用して、「マインド・コントロール」するという、新しい魔法（ゲーム理論マジック）を使って、3人の調査員を手なずけるというやり方なのだ。

この魔法の奥義は、本書ではまだ一切解説されていない。これから初めて解説される。

プロセスデザイン

最初に、政策当局は、調査員1、2、3に対して、自分の意図することを、以下のように説明する。

「あなたがたが今まで私に対して抱いてきた感情には左右されずに、どうぞご協力ください。私は、A、B、Cのうち最も貧困な地域に援助したい。しかし私はそれがどこだか知らないので、是非教えてほしい。」

プロセスの最初のステップは、アイヒマンにおけるヴァンゼー会議での経験に範をとっている。つまり、巧みな弁舌を駆使するなどして、各調査員は、政策当局に対する従順と同調の感情を、他の感情をおしのけて植えつけられるのである。

従順と同調は、ごく弱い感情でいい。ここでは、アイヒマンの性格の第2の特徴だけが必要とされる。つまり、従順と同調以外の感情はシャットアウトされることである。そのため、外生的な選好に加えて、従順と同調だけを内生的選好として考慮すればいい。

どの地域が援助されるかは、各調査員の私的な便益に少なからざる影響を与えるが、この影響の程度に比べれば、従順と同調がもたらす心理的コストはごくわずかに過ぎない。どの地域が援助されるかの決定は、各調査員に対して、100万円の範囲内で、私的便益の差をもたらすとしよう。一方、従順と同調がもたらす心理的コストはせいぜい100円、つまり、ワンコイン程度、ないしはそれ以下とされる。こんなワンコイン程度の従順と同調さえあれば、政策当局は調査員を意のままにできることが、これから示されるのである。

政策当局は、調査員1、2、3に対して、順番に「最も貧困なのはどの地域か」と質問する。この時、各調査員がどのように回答したかをお互いに見せない、調査員同士はコミュニケーションできない、と仮定される。

つまり、各調査員は互いに仕切られた、防音室のようなところで個別に質問されるのである。

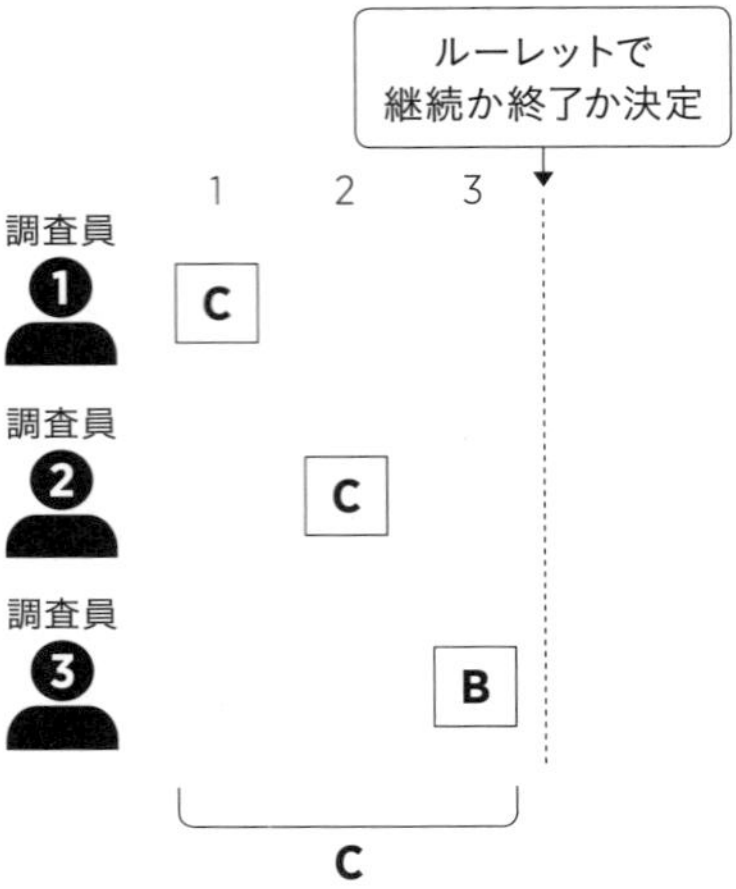

図４―１：プロセスデザイン（１）
順番に質問する。継続か終了かをランダムに決める。

まるで、小学校の先生が、生徒を１人ひとり教員室に呼び出して、「いたずらをしたのは誰？」と問い詰めるような仕方である。しかし、これでは、生徒は嘘をつく可能性を排除できない。ところが、このような呼び出しを、同じ生徒たちに対して、しつこく繰り返すとしてみると、状況は一変してくるのである。

話を貧困問題に戻すとしよう。

質問が一巡したところで、今度は、政策当局は、全員が見える仕方でルーレットを回す。ルーレットは、当たりをごく小さな確率１万分の１で発生させる（図４―１）。

当たりが出れば、３人の回答をもとに「多数決ルール」で援助地域が決定される。少なくとも２人がＡと言えばＡ、少なくとも２人がＢと言えばＢ、少なくとも２人がＣと言えばＣに決

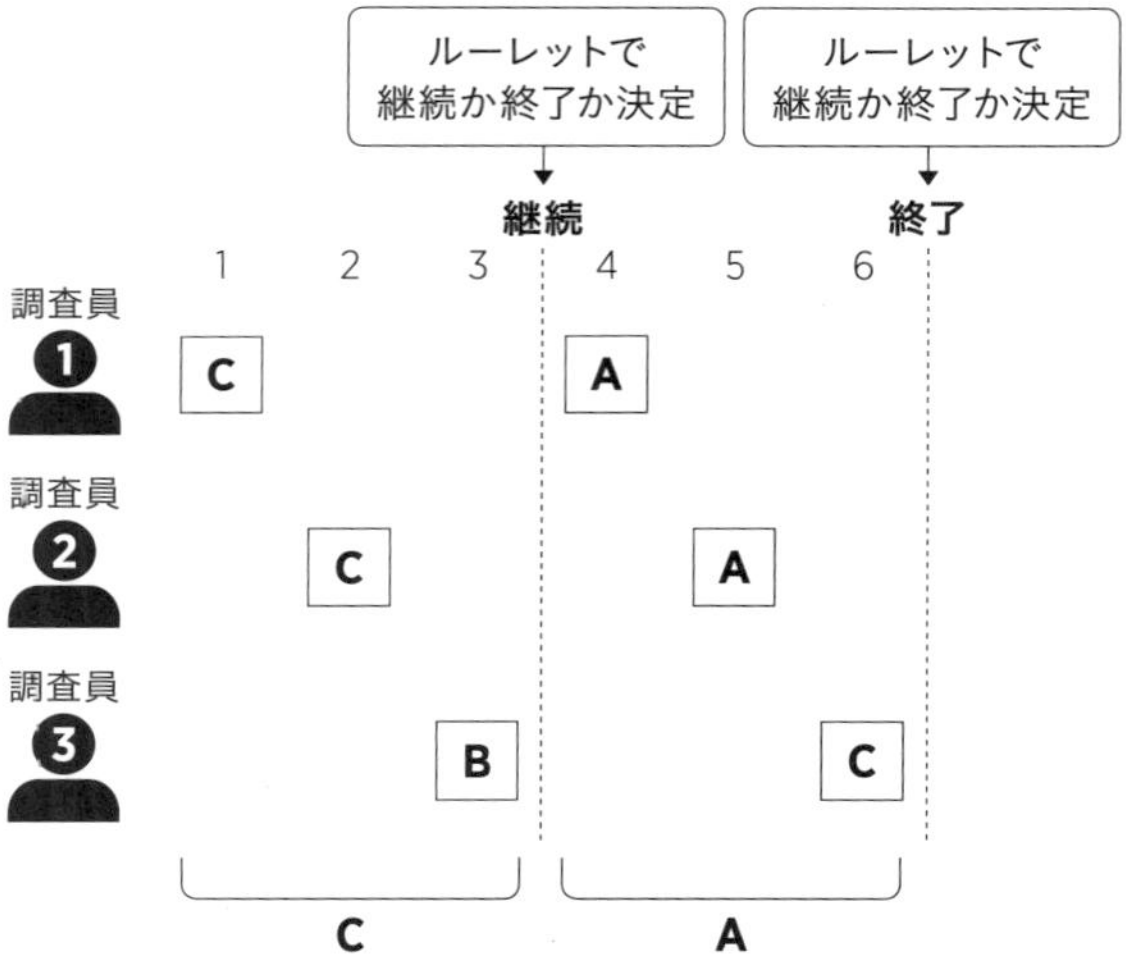

図４―２：プロセスデザイン（２）　終了時の回答を決定に使う

まる。３人バラバラの回答なら、３地域が等確率でランダムに選ばれる。

しかし、外れだった場合には、再度、調査員1、2、3の順に「最も貧困なのはどの地域か？」を質問することになる。（つまり、また先生にお呼び出しを食らうのである。）

さらに一巡したところで、再びルーレットを回して、当たりが出れば、3人の二巡目の回答をもとに、多数決ルールによって援助地域を決定する。一巡目の回答はもはや使われず、二巡目の、つまり直前の3人の回答をもとに、多数決されるのである（図４―２）。

図４―２では、二巡目で当たりが出て、質問の繰り返しが終了し、二巡目の表明にもとづいて地域Aが決定されている。

外れが出たなら、三巡目の質問をまた繰り返す。以下同様、当たりが出るまで同じ質問を繰り返し続ける。ルーレットを使っていることや順番に質問をしていることなど、このプロセスに従っていることについては全員が確認できるようにしておく。しかし、お互いにコミュニケーションはできないとされる。

以上で、プロセスの説明は終わりである。以下に解説されるように、この設定だけで、全体主義がデザインされるのである。

アブルー・松島メカニズムとの相違

このプロセスは、幾度も同じ質問をする点、どの回答が実際に利用されるかはランダムに決められる点などにおいて、アブルー・松島メカニズムによく似ている。しかし、双方には4つの相違点がある。

まず、質問を1人ずつ聞いている点である。アブルー・松島メカニズムでは同時に質問している。

次に、質問が一巡するごとに、ランダムに、その時点で終了するかどうかが決まる点である。アブルー・松島メカニズムでは、すべての質問が終わった段階で、過去にさかのぼって、どの回答を採用するかがランダムに決められる。

次に、金銭の支払いがない点である。アブルー・松島メカニズムでは、事後的に正しい地域が直接的に判明した場合に、最初に嘘をついた人が罰金を払うとされていた。

以上の3点は、このプロセスでは、アブルー・松島メカニズムに比べて、契約を明示的に書く必要性がないことを示唆している。

そして、とりわけ重要な4番目の相違点は、これから示されるように、従順と同調の感情にともなう内生的選好が利用されている点である。

従順とは、単に正直に「地域Cが最貧である」と回答したい感情である。しかし、従順がここで果たす役割は、脇役と言っていい。ここでは、極端に弱い従順の感情だけで事足りる。

自分以外がみな正直にCを回答すると予想されるならば、自分がどう回答しようとも、多数決によって正しくCが選ばれる。この場合には、あえて嘘はつかずに、正直にCと回答したい。こんな程度に従順の感情を導入してやれば、本章では十分である。

このプロセスにおける主役はと言うと、それは「同調」という感情が果たす役割になる。

同調がもたらすドミノ倒し

同調は、他の調査員が正直に回答しているなら、私も正直でありたいという感情である。裏を返せば、他の調査員のなかにすでに嘘の回答をしている者がいると予測されるのなら、私は嘘をついてもうしろめたさをあまり感じない、という心理である。

生徒が先生に呼び出されても、他のみんなが嘘をついていると予測されるなら、嘘をついて後ろを向いてペロッと舌を出すに相違ない。しかし、他のみんなはそんな悪いことをしないと予測されるなら、今度は嘘をつく罪悪感に苛まれることになろう。

つまり、嘘をつくことによる心理的コストは、他の人がすでに嘘をついていたかどうかに左右されるのである。この性質をうまくマインド・コントロールに使おうというわけだ。

アブルー・松島メカニズムの軸となるアイデアは、「最初に嘘をついた人のみが罰則をうける」というやり方だった。そして、少額ながら、最初の嘘つきに罰金を払わせる契約を使った。しかし、本章のプロセスでは、罰金を払わせる契約は使われない。そのかわりに、本章のプロセスでは、

自分が最初に嘘をつく人だと予測される場合には、
自分が最初に嘘をつく人だと予測されない場合よりも、
より心理的負担がかかる

という心理的性向を利用するのである。

嘘をつきたいのなら、他の人が1人でも先に嘘をついたと予測されるまで待ちたいという、同調から導かれる感情を利用するのである。

自分が口火を切って同調的行動から逸脱することは極力したくない。なるべくなら空気を読んで

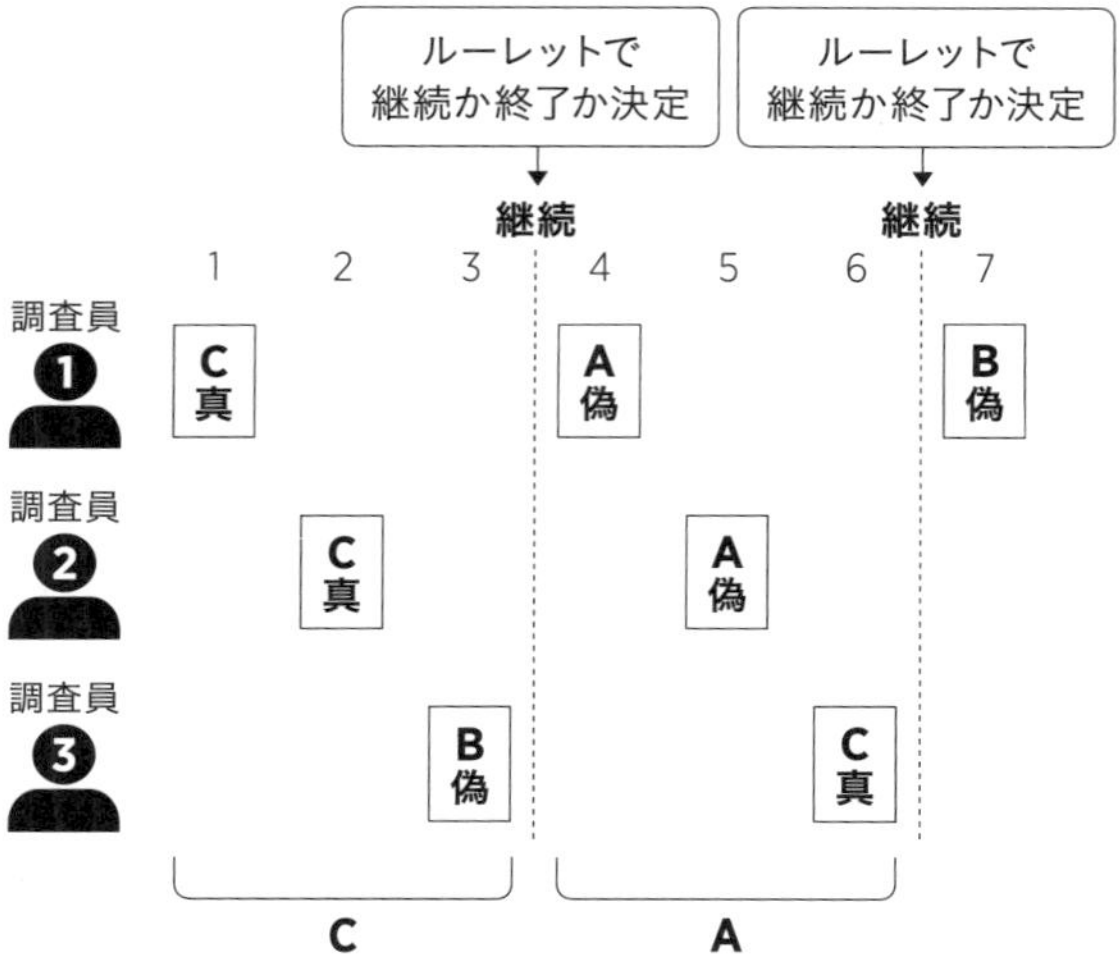

図４—３：プロセスデザイン（３）
最初の嘘つきの心理的コストが相対的に高い

事なかれ主義でいたい、という感情を利用するのである。

そして、ごくわずかなこの感情の利用だけで、以下に説明される魔法が成立するのである（図４—３）。

まず、一巡目の先頭バッターである、調査員１のインセンティブについて考察しよう。ここで嘘をつけば、他の調査員に先んじて政策当局に反抗したことになる。上述した同調が意味することは、このような最初の嘘つきには、余計に心理的コストがかかる、ということである。

余計にかかる心理的コストをたかだか１００円としよう。一巡目の回答は確率１万分の１でしか採用されない。だから、一巡目の回答がもたらす私的便益の期待値は１００円以下に収まることになる。ならば、調査員1にとって、最初の嘘つきになるのを避ける方が得だ、ということになる。

こうして、一巡目の1人目は必ず正直に回答することがわかる。

では2人目である調査員2についてはどうだろうか。

自分の前に調査員1がどのように回答したかは、直接には観察できないと仮定されている。しかし、調査員1のインセンティブを「合理的に」考えれば、正直に回答していたことは明らかである。

ならば、調査員2は、調査員1が正直に回答した、つまり自分より前にはだれも嘘をついていない、と予測するのが合理的である。ここで嘘をつけば、自分が最初の嘘つきになってしまう。だから、調査員1と同様、正直に回答するにしたことはない。こうして、一巡目の調査員2も正直に回答することになる。

先生に呼び出された生徒は、その前に呼び出された別の生徒が正直に話したと予測されるのなら、嘘をつくことの後ろめたさを余計に感じるだろう。これと同じ心理をここで使っているのである。

さらに、調査員3についてもまったく同様だ。調査員3の前にはだれも嘘をついていないはずだ。ならば、自分が今うそをつけば、最初の嘘つきになってしまう。それはいやなので、正直に表明しよう、となるのだ。

一巡目が終わって、ルーレットを回し、その結果、プロセスは終了せずに、二巡目に入るとしよう。ここでもまた、調査員1、2、3の順で「最も貧困な地域はどこか」が質問されるが、一巡目とまったく同じロジックによって、各調査員は二巡目でも正直に回答することになる。

同様にして、三巡目、四巡目、そしてプロセス終了まで、全員が正直に回答し続けるのが、唯一無二のナッシュ均衡になることがわかる。

何回も同じ質問をするのはばかげているように思われるかもしれない。しかし、この繰り返しは極めて重要なのである。また、二巡目以降の質問は、「最も貧困な地域はどこか」ではなく、「前の回答を変更したいか。変更するなら、何に変更するか」でもよい。いずれにせよ、このような質問を、ルーレットが終了を決めるまで、何回も繰り返し、そして最後の答えだけを集団的決定に採用するのである。各調査員は、同調感情のために、最初の嘘つきになることを嫌う。このことが、ドミノ倒しのように作用して、だれも嘘をつかないという状況を生み出すのである。

こうして、政策当局は、望み通り、調査員から最貧困地域についての正しい情報を引き出すことに成功する。

単なる従順だけでは、私的便益を上回るほどに感情が強くない限り、こうはうまくいかない。同調の役割が大事なのである。同調の作用の肝心な部分は、「今までだれも嘘をついてないと予測されるならば、そうでないと予測される場合よりも、より同調的でありたい」という感情である。

これは、同調の感情がどんな時に強くどんな時に弱いかについての、詳しい内容を含んだ条件になっている。

例えば、より多くの人が正直に表明するなら、同調感情は強まるかもしれない。しかしこれだけでは、このプロセスはうまく機能しない。

そうではなく、自分が最初の嘘つきかどうか、みんなの同感を壊すような嘘かどうか、が、このプロセスがうまく機能するために大事になるのである。最初の嘘つきになりたくないという感情がワンコイン分さえあれば、こんなにもこのプロセスはうまくいってしまうということである。

「監視なき監視」の現代社会

本章のプロセスデザインは、哲学者ベンサムの「パノプティコン」からインスピレーションを得たものである。

ベンサムのパノプティコン

ベンサムは「最大多数の最大幸福」というキャッチフレーズで有名だ。1人ひとりが幸せになれば、それは社会の福祉向上にとって一番好ましいことだから、そうなるような行為や政策をしましょう。なんとも無邪気な倫理観を主張されたお方である。ベンサムは、この主張を大真面目に突き

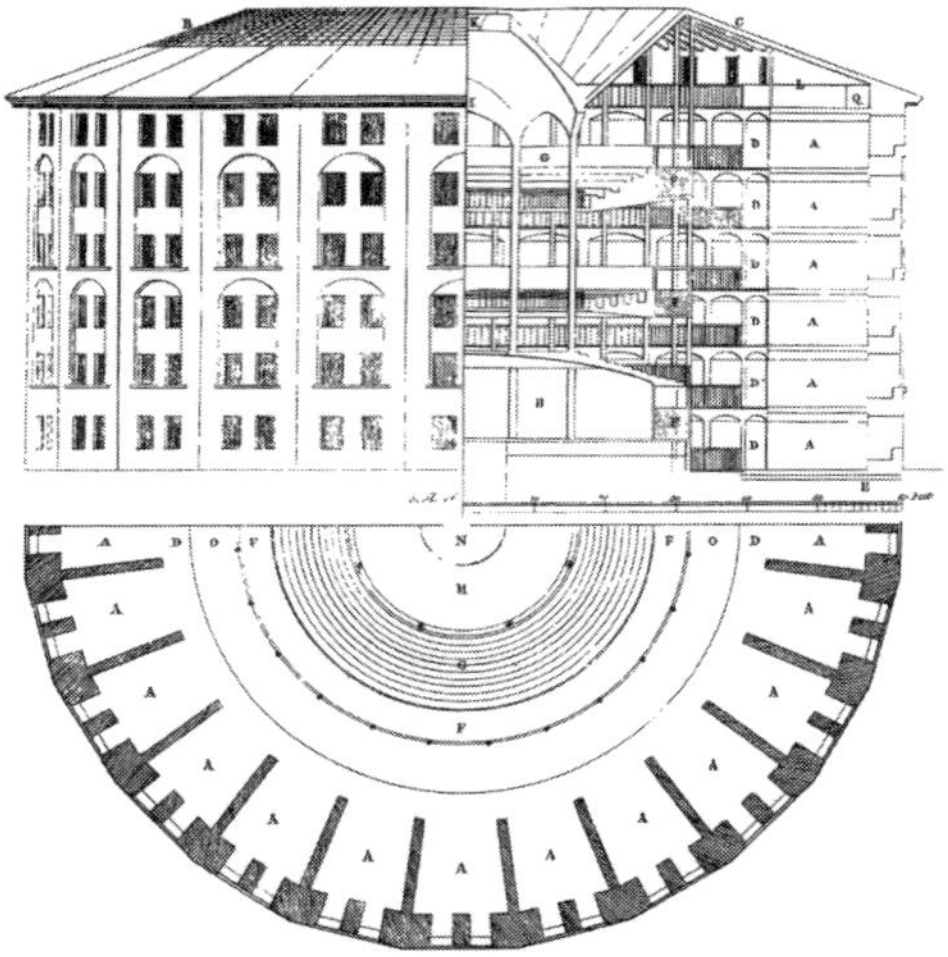

図４―４：パノプティコン［*The works of Jeremy Bentham*, vol.4 より］

詰めていって、「パノプティコン」と呼ばれる刑務所の構想にいたった。

人は、自分の意思では必ずしも上手に幸福を実現できない不器用な存在だ。子供、病人、犯罪者にいたっては、とりわけそうに違いない。ならば、国家が個人に干渉してそのくらしぶりを正さないといけない。

これを「パターナリズム（家長温情主義）」という。しかし、個別にいちいち干渉していたのではあまりにコストがかかってしまう。

そこで、ベンサムは「一望監視システム」、つまり、パノプティコンという名の監獄を考案して、国家の意向に従順にふるまう個人を生産する仕組みを発明した（図４―４）。

建物は円形で、大勢の囚人を収容できる。囚人には独房が用意されている。独房は円形の壁にぐるりと配置されている。円の中央には監視部屋の塔が設置されている。独房のドアは、監視部屋に向かって開かれている。こうして、常に全員を監視できる態勢が整う。

ただし、ちょっとした光の入り方の工夫によって、囚人からは監視人が見えなくなっている。囚人は、姿の見えない監視人にいつも監視されている気分になる。だから、国家の意向に、いつでも従順でいないといけない。

そのうち意向に沿うことが習慣になる。さらには、習慣は社会規範、つまり倫理的に正しいと考えるようになる。規範に背くと、国家のみならず、社会の構成員からも非難されると思うようになる。自分もまた、他人が規範に背けば咎めたくなる。こうして、囚人は更生され、晴れて娑婆に戻ることができる。

パノプティコンでは、監視人1人で一度に大勢を更生できる。監視人は、こっそり遊びに出かけても、囚人にはばれないのだからヘッチャラである。囚人に活動の自由を十分与えておいても問題なしである。

つまり、ノーベル経済学賞受賞者である行動経済学者リチャード・セイラー（Richard Thaler）の用語を借りれば、強制の弱い、いわゆる「ソフト・パターナリズム」だけで十分効果があるということなのだ。[*6]

こんなベンサムのパノプティコンについては、第8章「幸福の哲学」において、改めて論じることにしよう。

バスボイコット事件

我々のプロセスにおいては、各調査員の回答は他の調査員に聞こえない、とされている。もし聞こえるならば、調査員1は一巡目に、あえて嘘をついて、調査員が共通にえこひいきしている地域Aが最も貧困だと、大声で叫ぶかもしれない。これが他の調査員の耳に入れば、同調の呪縛はまたたくまに解かれ、みんなでごひいきのAにコーディネートしよう、という展開になるかもしれない。

ここで、1955年にアラバマ州モンゴメリーで起こった「バスボイコット事件」に言及しておこう。人種隔離政策にもとづいて、黒人は白人にバスの席を譲らなければいけない。しかし、黒人女性ローザ・パークスが、白人に譲らずに席に座る権利を行使したため、逮捕された。このことが引き金となって、キング牧師らが、黒人に市営バス乗車のボイコットを呼びかけることになる。すると、多くの市民がこれに賛同し、その後の全米公民権運動へと発展していったとのことだ。

勇気ある1人の最初の一歩が、多くの人々の行動パターンを変えてしまうことがある。このような事態が起こることを阻止したいために、本章のプロセスでは、パノプティコンのように調査員への質問は隔離しておこなわれ、調査員間のコミュニケーションを禁じているのである。

しかし、その一方で、アビリーンのパラドクスに見られるように、我々は物理的な制約がなくても、コミュニケーションを億劫がり、事なかれ主義ですませてしまうこともある。だから、本章で説明されることは、実はもっとゆるいプロセスのデザインでも十分に事足りると考えてよい。

証拠を残さないこと

前章のアブルー・松島メカニズムでは、最初の嘘つきは、見つかれば、罰金を支払わなければならなかった。一方、本章のプロセスでは、最初の嘘つきは、罰金の請求はないが、同調に逆らうことの心理的コストを負担することになる。この違いは、インセンティブの観点から見れば、同じように作用しているとみなしてもよいだろう。

しかし、契約関係という観点からは、大きな違いがある。アブルー・松島メカニズムでは、契約の内容について第三者に立証できる詳しい証拠をそろえておかなければならなかった。しかし、本章のプロセスではその必要はまったくない。

だから、口頭で、口約束で、事を運ぶことができてしまうのだ。あとに何も証拠を残さなくてもうまくいってしまう。だから、どんな日常の解決にも利用できてしまうのだ。それが、たとえ邪悪な魂胆にもとづくとしても、である。

ここに、全体主義を日常的に利用することができるトリックが宿る。

例えば、政策当局の質問を、「地域A、B、Cのうち最貧困地域はどこか」という人道的な問いから、次のような「疑わしい問い」に変更したとしても、我々の説明に何ら変わりはない。

スパイを探せ

「私のはずかしい秘密を知っているスパイが、地域A、B、Cのどこかに隠れている。私はその人物を捕まえたいが、どこにいるのかわからない。どうか教えてほしい。」

捕まえて、いったいどうするのかって？　そんなことは調査員たちにとってはどうでもいいことだ。何が起ころうとも（殺人が起ころうとも）所詮私的な便益が些細な額におさまる程度の問題にすぎない。このことさえはっきりしていれば、調査員は正直に居場所を教えるし、このような聞き込みをしたことについて証拠も残さずにすむって寸法だ。

「いや、おれはこんないやな話に関わりたくない。もし関わることになったら、たとえ他の人の耳に届かなくても、居場所を正直に教えるようなことは断じてすまい。」

なるほど、あなたは、ここで説明してきた従順と同調というマジックには操られない、と言いたいわけだ。アイヒマンの2番目の特徴さえ受け入れない、自立的自由の持ち主と言えよう。実は、私もまったく同感であり、こんなことは私にはあり得ない話である。そして、このことを私はとても誇りに思っている。

しかし、政策当局は、そもそもあなたや私には頼まないだろう。アイヒマンのような無批判で忠実な小役人風の人を幾人か選んでくればいいのだから。

そんな輩は世の中にいるかって？　私のよく知る組織においてすらアイヒマンみたいな連中でいっぱいだ。

第2部

日本のくらしをあばく

はじめに

第2部では4つのショート・キュレーションをまとめた。肩の力を抜いて読まれるといい。各キュレーションのキーワードは、「イノベーション」、「オークション」、「タブー」、「幸福」である。キーワードに即して、身の回りのことを、社会全体のことに関連付けていこうというわけだ。

ゲーム理論家が（愚痴をこぼしながら）くらしのしくみを生活目線であばいてみせる。すると、みなさんは、日本社会のちょっと悩ましい姿を垣間見ることができる。この姿を直視すると、もしかすると、より良いくらしのスタイルを思いつくヒントが見つかるかもしれない。

第5章 イノベーションと文系

本章のキーワードは「イノベーション」。イノベーションとは、新しさによって、くらしにリズムが生まれることだ。こんなイノベーションの一番のカギを握っているのは「文系」の発想である。文系の意味するところは、このショート・キュレーションの中で明らかにしていこう。

写真5―1：デスクと私［写真提供：筆者］

新しさをひろめる

研究室のデスクを新調することになり、おあつらえをデザインして、知り合いの職人さんに作ってもらった。それが写真のデスク（写真5―1）。

私の要望は、ガタつかない、足場に余裕がある、3人でパソコンワークできる、論文を見ながらパソコンワークしやすい、そして何よりも、世界に1つしかない、だ。その通りに仕上がったと思うが、いかがだろうか。

職人さんは「こんな注文を受けたのは初めてだ」と言いながら、まんざらでもない様子だ。ならば世の中にはもっとへんなニーズがいっぱいあろうから、オーダーメード家具をネット注文できるようにしたらどうか。しかし残念ながらこの職人さん、パソコンは触れないわ、メールは打てないわ。で、この話は立ち消えた。

新しさをもっとひろめたい。私はこのことを、研究教育をながく続けるための原動力にしている。こんなイノベーション・マニアの私のルーツはさかのぼること半世紀前、幼稚園での経験にあるようだ。

オープン・イノベーション

子供のころの私は休みがちで、母親は、幼稚園でしていることを私に家でいろいろさせていた。中でも、トレーシングペーパーに絵を描いて、別の2枚に挟んで、透かして覗き込んで楽しむという工作を熱心にしていた。そのうち、絵を重ねて立体感を出し、手でずらしてアニメのように動かせる工夫をあみだした。

元気になると、幼稚園では「疑似コイン」でみんなの作ったものを売り買いする「バザール」を催すことになっていた。立体アニメ透かし絵をみんなに見せると、どうやら注目を浴びたようで、男の子はこぞって似たものを作り始めた。

すると、目立ちたがり屋の女の子が専門店を作ろうと言いだした。普段は自分の楽しみだけで花

写真５―２：綿繰り機［イーライ・ホイットニー博物館蔵。写真は Wikipedia より］

の絵を描いていそうな、別の女の子が、花のディスプレーを演出し始めた。先の目立ちたがり屋が急に静かになったと思ったら、今度は誰に言われることなくチラシ広告をもくもくと作っていた。

こうして、お買いものごっこが、いつのまにか「オープン・イノベーション」に発展し、疑似コインの売り上げを大いに伸ばす結果となった。今思えばこれが経済学と経営学にかかわるようになった私の原体験だ。

イノベーションは、「コロンブスの卵」のような発明発見ではかたづけられない。もっと「文系」の発想にみちあふれていると思っている。このことを思い知らされるのが、産業革命時のアメリカの発明家イーライ・ホイットニーの、２つのエピソードだ。

綿繰り機

ホイットニーは、木綿から種と繊維を区分けする「綿繰り機」を発明した（写真５―２）。木綿から種を手で取るのは大変な作業だ。しかし、綿繰り機のローラーに種を近づければ、いとも簡単に種から繊維を巻き取ってくれる。
当時のアメリカ南部は、黒人奴隷にこれをさせることで、急速に経済発展することになった。しかし、同時に、綿繰り機の発明は、南部に奴隷制度をさらに根付かせ、ゆくゆくは南北戦争勃発のきっかけになっていく。

ではホイットニーはさぞかし財を成したかと思いきや、むしろ大損するはめになるのだ。ホイットニーの発明は、コロンブスの卵ではあれ、似たものを容易に作れる代物だったので、他の業者が模倣してどんどん儲けてしまったのだ。ホイットニーは、裁判を起こしたが、費用がかさみ、破産寸前に追い込まれてしまった。

これでは発明家はうかばれない。ならば、特許（パテント）制度を強化し、厳格に執行することで、発明家をもっと保護してあげてはどうか。発明家自身も、模倣されないように、あらかじめ似たような技術についてもパテントを取得して、もっと防衛策を講じてみてはどうか。そうすれば、アイデアにあふれた発明家は大いにやる気を出し、一国の経済成長を支えていくのではなかろうか。

ところが逆に、発明家がパテントを盾に権利を主張しすぎ、せっかくの発明がちっともひろまらない、という史実にも枚挙にいとまがない。例えば、蒸気機関を発明したジェームス・ワットがその好例とされている。

経済学者ボルドリンとレヴィンは、あらゆる産業の歴史データを集めて、パテントを強化したことが経済成長に寄与したかどうかを実証してみせた。[*1] 結果は、「パテント強化は不必要悪」だそうだ。その真偽はさておき、新しさをひろめる作法を読み解くカギは、どうやらここにはなさそうだ。

マスケット銃規格化

では、イノベーションを促進させる具体的な手立ては何なのか。その答えは、ホイットニーのもう1つのエピソード、「マスケット銃規格化」に見出される（写真5—3）。

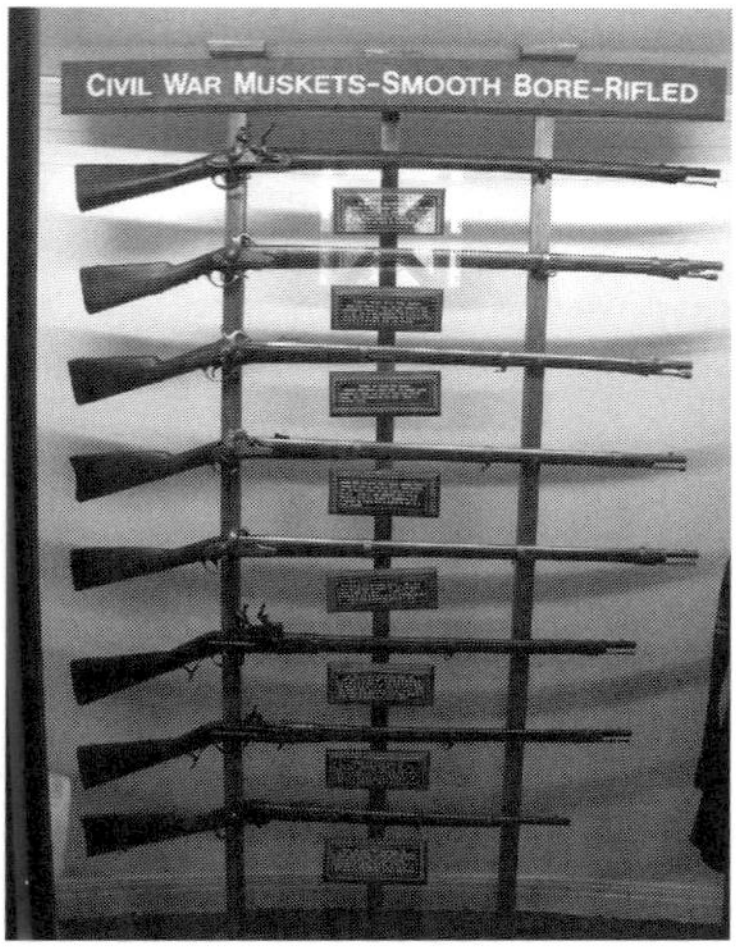

写真５—３：マスケット銃［ソルジャーズ・アンド・セイラーズ・メモリアル・ホール・アンド・ミュージアム蔵。写真は Wikipedia より］

アメリカ政府は、破産寸前だったホイットニーに、マスケット銃の大量生産を依頼した。ホイットニーは、銃を複数の「部品」に分け、各部品を徹底的に規格化して、別々の工場で大量生産できるようにした。

このような、互換性のある部品をあとで組み合わせる生産方式の発案は、綿繰り機と同じ轍を踏みたくない思いとともに、今風のイノベーションのスタイルの原型となっていく。

購入者は、部品を交換すれば、ホイットニーの銃をずっと使い続けることができる。だから、もはやライバル業者の銃に興味はない。ならばライバルは部品を模倣しようとするも、ホイットニーの規格通りでなければ安全が担保されない。

こうして、ライバルを後目に注文が殺到し、各部品工場はフル操業になるや、ホイットニーはさらに安価に製造できるようになっていく。

今度はホイットニーの1人勝ちだ。

もう1つわすれてならないのが、個々の部品はそれだけでは価値がないことだ。部品工場の人々は、ホイットニーに寄り添うことによって初めて生計を立てられるというわけだ。

さて、現代のイノベーションといえばCD、VHS、DVD、Bluetooth、MPEG-4など(この原稿は2015年に書かれたものだから、微妙に古臭いが悪しからず)。これらの共通項は、複数の会社がパテントを出し合って、それらを組み合わせて1つの規格を作っている点にある。

個々のパテントはそれだけでは価値がない。パテントのライセンス(利用許可証)は、ひとまとめにして「パッケージ」化されて、規格を利用したい者に販売される。販売元は「パテントプール」と呼ばれる、パテントをもつ会社からなる企業合同(アライアンス)だ。「談合」と言ってもよい。ここに我々は、談合が良い役割をなすこともある最良のケースを見ることができる。

規格を利用したい者は、個々の会社から直接ライセンスを購入するよりも、パテントプールからパッケージを買った方がお得である。個々の会社は、自分のパテントのライセンスがないと規格を利用できないことをよく知っている。だから、足元につけこんで、法外なライセンス料を請求しがちだ。これでは規格の普及を妨げてしまう。

そうならないようにパテントプールは、全パテントのライセンス料をきちんとコントロールして、安価で提供できるよう規格の普及に努めるのだ。

「パテント」を「部品」に、「パテントプール」を「ホイットニー」に置き換えれば、そのままマスケット銃規格化の成功を説明できよう。

しかし、ホイットニーと現代のイノベーションのアナロジーは、もはやここまでだ。

ホイットニーは、もともと1つだった製品を、複数の部品に分解することで、イノベーションに成功した。それに対し今日では、大学、研究所、大企業、中小企業、ベンチャーが生み出した、独り立ちできないたくさんのパテントの中から、良い組み合わせをうまく見つけ出すことによって、新しい「規格ビジネス」が形づくられていく。

規格ビジネス

例えば、Bluetooth と呼ばれる近距離無線通信の代表的規格は、国際色豊かな複数の会社のコラボレーションだ。もし日本企業が国際舞台で Bluetooth のようなパテントプールの成功に積極的に関与していくならば、これが、多くの人の目には、イノベーションが牽引する「我が国の成長戦略」の理想的姿に映るだろう。

しかしここには落とし穴がある。

規格に加わるパテントには2タイプある。規格になくてはならない新しいパテント、そして、別になくても規格化できる、ありふれたパテントだ。後者のようなパテントがなぜ新規格に割り込めるのかというと、「この規格ではこの技術しか使えない」として、似たような他の技術を押しのけることによって、パテントプールにさらなる独占利潤を送り込むことができるからだ。これは、しかし、利用者の利便を損なうことにもなるので要注意だ。

後者のような古株パテントは、いわば、新しい技術という名の虎の威を借る狐だ。万が一日本企業が海外でこのようなさもしい特許戦略に終始するようなら、それは大概にしてほしい。

今後、世界を股にかけて、新しい規格の中枢で活躍する可能性があるのは、大企業でなく、ベンチャーであるはずだ。その理由は、会社組織の在り方をみればおのずと明らかである。優れた能力は、即活用し、高い利用度をもって、会社の中で育てられないといけない。特に、「文系」の発想にかかわる能力がそうでないといけない。しかし、多くの日本の企業は、未だに、その根本においては、年功とか、ボスに従順とか、和であるとか、つまり実質的に生産性とは別の論理、非生産的な出世欲を掻き立てる論理で、組織作りがされている。

ならば、現状において、日本のベンチャーが海外に十分に進出していると言えるか。あるシンクタンクの調査結果ではどうも芳しくなさそうだ。

知的財産をあつかうアメリカの業者に日本について尋ねたところ、「日本のベンチャーは表舞台に出てこない。日本企業の国内特許数は多いが、必ずしも質が良いわけでない」と、ずいぶん辛らつなのだ。これはこれで真摯に受け止めなければならない。

しかし、この指摘にも、注意が必要だ。なぜなら、この手のアンケートに答えている人の中には「パテント・トロール」とおぼしき業者もいるらしいからだ。

パテントと文系

パテント・トロールとは、保有しているパテントを自らはビジネスに利用していない、「お化け業者」のことだ。では何をやっているのか。このパテントを利用しているかもしれない他の会社に対して、「あなたは私のパテントを無断利用している。賠償金を請求するぞ」と脅して生計を立てているのだ。これはずいぶんたちが悪そうだ。（この原稿を書いている時点では）アメリカでは、法律上の特殊事情もあって、パテント・トロールによる被害が社会問題になっている。アンケート結果は、パテント・トロールによる被害のリスクに免疫がない日本のベンチャーが海外進出に弱腰になっている、ともとれるし、パテント・トロールにパテントを堂々と売りにいく強面ベンチャーが日本にはいないともとれる。

現代社会において、パテントの権利を管理していくことは難しくなってきている。パテントの管理を専門に行う業者にパテント本体を売ってしまおう、というのも一案だ。この意味では、パテント・トロールのような業者は、社会の「必要悪」として生き延びるかもしれない。日本社会も例外ではないのかもしれない。

昨今の各大学には、「TLO（Technology Licensing Organization）」という組織ができている。大学内の研究成果をパテント化して、民間企業のビジネスに結びつける試みだ。日本での成果は、イギリスやアメリカに比べると、まだ十分とは言えない。今後の動向に要注目である。

しかし、現状のやり方は、大学の研究成果を「パテント」という眼鏡でしか見ていないので、私は不満である。これでは、イノベーションに欠かせないはずの、文系の大半がはじかれてしまう。経済学の知見には社会やビジネスに貢献しうるものがある。しかし、どれも、容易にはパテント化の対象になり得ないものばかりである。

文系を軽んずべからず。

近年、東京大学の経済学部には、理科系の学生が文転してくる学生が増えてきている。目指すは、数理ファイナンス、計量経済学、そしてゲーム理論だ。どうやら、数学を文系のために使うという、数理的関心で経済に来るようだ。確かにその魅力はわかるが、それだけでは文系の神髄に至らない。実際、数学的な興味だけで、研究者になろうとすると、道に迷うことになりかねない。これは教育者としての私の経験からそう言える。

しかし、最近では、経済や社会の制度のことを理詰めで理解したい、というまさに「文系」を目指して、文転してくる学生も多くなってきた。世間で言われているような文系離れとは、実情は少し異なっている。

第6章　オークションと日本の成熟度

本章のキーワードはオークション。オークションは、人為的に作られた、経済のしくみだ。とても古くからある。しかし、くらしにおいて、そして学問において、オークションが本格的に注目されるようになったのは、ごく最近のことだ。

今やオークションは生活に深く浸透している。そして、ゲーム理論という学問は、このオークションを研究することに活路を見出したのだ。

しかしながら、オークションの実態は、善悪入り混じるような一筋縄でいかない代物だ。だから、オークションと上手に付き合える社会は成熟度が高いと言っていい。残念ながら日本はそうでない。

値付けの魔術

オークションはいわば値付けの魔術である。モノの値段が決まる最初のステップを、一気に大きなジャンプに変える。つまり、上手にルールがデザインされれば、オークションによって、品物は、常にそれを一番欲しがっている人の手に渡るようにできる。一気に最大多数の最大幸福が実現されるのだ。

ただし、この時、みんなのニーズや内緒にしておきたいことが白日の下にさらされることにもなる。これが災いして、思惑も駆け引きも複雑になることもある。オークションのルールデザインに失敗すると、いらぬ危険やトラブルが無視できなくなるデリケートなしくみでもある。

しかし、こんなオークションと上手に付き合える社会になることこそが、資本主義にまだまだ未来があると言えないだろうか。その点に関してはたして日本はどうか。

オークション、入札、競売。世間はこれらの用語を微妙なニュアンスで使い分けている。でも、経済学者にとってはほぼ同じ意味だ。つまり、売りに出された品物をめぐって買い手が競い合う。値付けをする。これにつきる。

今日の豊洲移転問題はさておき、築地市場では、せり人が掛け声よろしく日々マグロをせり上げている。大田区大田市場では、色とりどりの花を、こちらはせり下げている。大時計を使った「自動せり下げ」だ。自動せり下げは、オランダはアムステルダム郊外のアールスメール発信の、花卉《かき》特有のオークション方式である。一方、牛、豚、家禽、中古車も機械を使うが、こちらは自動せり上げになる。証券取引所は、新規発行の株、社債、国債を、「封印入札」によって売りさばく。買いたい人は紙などに指値と枚数を書いて、厳封して提出し、最後に一斉開封し、決着させるのだ。建設工事発注でもオークションは大活躍だ。安くて確実な業者を封印入札で割り出す。テレビで時々見かけるピカソやゴッホの美術品取引は、オークションの代名詞でもあり、サザビーズやクリスティーヌといったオークションハウスは世界的に有名だ。

くらしの中のオークション

オークションの例は枚挙にいとまない。その中でも、私たちのくらしに入り込んでおなじみになっているものの筆頭は、ネットオークションだ。いつでもお茶の間で、おせんべい片手に、出品買付自由自在。こんなオークションの普及はネット社会に転じて加速した。

しかし、ここからしばらくは旧石器時代の話である。つまり、私の子供のころの身近なオークションと言えば、山田洋次監督『男はつらいよ』で、渥美清扮する寅さんが、質流れを口上よろしく売りさばく「啖呵売」くらいか。数年前なら知らない日本人などいなかったが、今では講義で寅さんと言っても、「そんなむつかしい概念を出されてもついていけない。もっと簡単なことから解説してください」と学生さんに怒られるのだから、どうも始末が悪い。

もっと古い話で、思い出されるのは、5、6歳の頃の、「大正テレビ寄席」という公開番組。ウクレレ漫談で有名だった牧伸二が、腹巻にねじり鉢巻きで「バーゲンだよ〜」と雄叫びすると、会場の客相手に、ささいな品をめぐってせり上げはじめる。最後には予想外の高価なおまけがついて、売り上げは「歩みの箱」へと、まあこんな感じの、当時としては猛烈に人気のコーナーだった。これが私の、オークション原体験。つまり、私にとって、オークションはたいしてなじみのあるものではなかったのだ。

話を現代にもどそう。

私たちの生活空間に一番近いところでおこなわれている、大規模オークションがある。ネットオークション？　いやいや。みなさんに気付かれないように、グーグル、ヤフーといった検索エンジンの画面の中で展開されている「検索連動型広告オークション」、それである。（何それ？）

みなさんは検索エンジンを利用されるだろうが、結果画面のいたるところに広告が張り巡らされている。この広告欄をめぐって、広告依頼主が日々バトルを繰り広げているのだ。だから、私には、検索するたび、画面からせり人の掛け声が聞こえてくる。広告バナーをクリックすれば、じゃらじゃらと、コインの響きも聞こえてくる。（もっとも、私にしか聞こえないのだけれどもね。）

バナーをクリックすると、その広告主のサイトが開かれる。そのたび、広告主は一定金額を検索エンジンに支払うしくみになっている。しかし、検索エンジンを利用しているあなたが支払うのではなく、広告主が支払うのだから、どうかご安心を。

検索エンジンの画面は、検索ワードごとに異なる。そのため、例えば、「花」という語句を検索すると、広告バナーにはどこかの花屋さんの広告だらけだったりする。また、膨大な数のネットユーザーが検索エンジンを利用している。だから、1日の総クリック数は半端でなくなる。こうして、検索連動型広告オークションは、検索エンジンにとって、とてつもない高収入をはじき出す、打ち出の小槌になっている。

ワードごとの画面の各ポジションに、どんな仕方で広告が割り当てられるのかは、すべてオークションまかせである。その割り当てルールの作り方には、いろいろこだわりがある。

まず、ワードごとに、広告依頼主がワンクリックいくら支払うかを指値する。指値の一番高い依頼主に、そのワードの検索画面の中で最も目につきやすいポジションを割り当てる。二番目に高い指値の依頼主には、二番目に目につきやすいポジション。以下同様に、全ポジションを割り当てる。この時に各依頼主が支払うのは、ワンクリックあたりの金額についてだ。その決まり方は、ご自身の指値を支払うとするよりも、先のせり上げからのアイデアにもとづいて、「自分が割り当てられることによって被ることになる、他の広告依頼主の損失」から割り出される。そううまく作ると、みんな正直にワンクリックあたりの期待便益を表明するようになるのだから不思議だ。そうすれば、高い指値の人はより広告に価値を見出しているのだから、効率的に広告配分ができたことになる。（まあ、だいたいこんな感じだ。）

この広告オークションの斬新なところは、広告依頼は、いつ何時でも行うことができる点にもある。オークションの「ヴァーチャル会場」には、参入退出が絶え間なく繰り返されていることになる。そのため、ネットユーザーが検索するたび、広告割り当ても、随時更新していかなければならない。

だから、このことを知っている私には、検索するたびせり人の声が聞こえるというわけだ。冗談だが。

オークションの歴史

こんな新種のオークションの出現は、経済学やゲーム理論の進展と無関係ではない。というのも、検索エンジンの登場よりずっと以前から、経済学は、オークションがくらしに大きな影響をあたえることを予期していたからだ。

私が経済学者を目指して勉強していた1980年代、アメリカではオークション研究が大ブームで、優秀な若手がこぞって新理論を競い合っていた。寅さんや牧伸二しか知らない私には、何がこれほどまでに精鋭たちを駆り立てているのか、さっぱりわからなかった。

そこで、ならば、牧伸二よりさらにもっと古い「オークションの歴史」をひも解いていくことにした。歴史の中に、理由を見出せるかと思ったわけだ。しかし話はそう簡単ではなかった。

かつて奴隷売買はオークションでなされていた。

バビロニアでは、オークションによって婚姻関係を成立させていた。美人から順番に1人ずつせりでお嫁さんを決めていたそうだ。この時すでにせり上げもせり下げも発明されていた。せり上げで、婿と、婿が嫁の家に支払う金額とを決める。嫁のもらい手がないと、今度はゼロからせり下げを始めることになる。嫁の家は婿の家にお金を払ってでも引き取ってもらいたい。その額を、せり下げで決めるのだ。

イギリスの役人は、オークションによって、古船を民間に払い下げていた。ローソクの火が消える直前に指値した人が落札する、というやり方だ。ならば役人は、うまく息を吹きかけて誰に落札するかをコントロールしていたはず。つまりいかさまだ。これはせり上げで、せりには期限がついていて、その期限がろうそくの都合で決まるのだから、実にいかがわしくはないか。

なんと！　ローマ帝国の帝位がオークションで売られたことがある。兵隊が強くなりすぎ、法外な給料を要求するので、皇帝の成り手がいなくなったからだ。そこで、一般公募して、一番高い給料を保証する人に帝位を落札するとした。給料のせり上げオークションだ。しかしながら、落札者は給料を払えず、打ち首になったそうだ。

この現象は、油田の採掘権をめぐるオークションの世界で使われるようになった用語を借りると、「勝者の呪い」ということである。石油の量や質について正確なことがわからない状況で入札をすると、あらかじめ肯定的なノイズのはいった情報を手にした入札参加者は、他の人より高く評価しているから高い指値をして落札できる。しかし、振り向けばほかの人はみな悪い評判を聞いていて、どうやらそちらのほうが真実に近かったりするわけで、実態に比べて法外な値段で買ってしまったことを後悔するはめになる。

ローマ帝国の話も、ローマ皇帝の徴税能力について一番甘く見ている人が勝者になり、実際にそんな能力はないものだから、兵隊に殺されてしまったというわけだ。お金で帝位を購入した奴の言うことなんか、民衆がやすやすと聞くわけもない。ただし、入札者がもっと慎重で合理的に指値の判断ができればこんなことにはならなかったはずだ。どうもせりとなると人はついつい熱狂してしまうようだ。

日本にも史実がある。豊臣秀吉は、城の建設にあたって、いつもの業者でなく、入札によって業者を選ぶとした。業者仲間は、予想外のお達しにとまどい、打ち合わせして、へんな業者が法外の安値でひきうけ、あとで業界全体にとばっちりのくるのをさけようと、「談合」で難をしのいだそうだ。

日本では、入札と言えば談合がつきもので、今や「Dango」は世界共通語になっている。談合は、入札のルールに問題があるときには、プラスに働くことがないわけではないが、きちんとデザインされたルールにとっては、天敵以外の何ものでもない。このことを知らずに、談合こそは日本の文化などと本気でのたまう学者もいるのだから、日本文化をおとしめるのも大概にせよと言いたい。

ううむ。いずれにせよ、ろくでもない話ばかりじゃないか。

オークションのゲーム理論

しかし、経済学の俊英たちはそうは考えなかった。表面的なイメージにまどわされるな。オークションのそこしれないポテンシャルを見定めよ、というのだ。

ではあらためて、せり上げ入札のしくみの「本質」を見てみよう。例として、メロン1個に、あなたは1000円の価値があると思っている。一方、私には1200円の価値があるとしよう。ゼロ円からせり上げていくと、あなたは1000円までは粘るが、1000円でせりからおりるので、結局1200円まで粘る気でいる私が落札し、落札価格は1000円で、それを売り手に払って一件落着する。ここで、私は、自身の価値1200円ではなく、相手の価値である1000円を、売り手に支払っていることに注目である。

つまり、落札者である私が支払った金額1000円は、「もし私がいなければあなたがメロンを消費できたが、それができなかった、つまり、メロンがほしいという私の言い分を通すことによって他人（あなた）がこうむる損失分。それに等しい額」になっている。

この損失分より落札者の便益（ここでは1200円）が高いのなら、その時にのみ、社会全体の便益の総和は高まることになる。この時、せり上げでは、言い分を無理に通そうと大げさなことを言ったり、支払をケチろうと嘘をついたりしても、本人の得にならない点に要注目だ。

だからせり上げは、各参加者に、どのくらい欲しているかについて、正直に表明させることができる。こうして、本当に一番欲している人に品物を割り当てることができる。

オークションのゲーム理論の普及

では、せり上げがもつこの願ってもない特性を、社会のさまざまな問題の解決にも応用できないだろうか。そうすれば、いつでも、国民全体のニーズを正しく把握でき、国民全体の満足を最大限に高めることができよう。さらには、権力者や癒着体質の企業が、既得権益を振りかざし、大声で主張して、何でもかんでも政治決着にもっていく。そんな不公平で不透明な事態を回避できる。

1960年ごろ、経済学者ビックリーは、こんなせり上げ入札の値付けの魔術を、複数単位や複数種類の財の値付けなどの、もっと一般的な問題に拡張する研究をした。[*1] 自分が落札すると、他の人々は財を獲得するチャンスを失うから損をする。この損失分を、支払わせようという、せり上げ入札に秘められていたアイデアを暴いて見せた。こうすれば、入札者は正直に指値し、効率的な配分が達成できる。入札者は、相手の指値についてあれこれ考えなくても、自分が財に対してどう評価しているかを、よく見定めて、そのうえで正直に表明すればいい。このアイデアを一般に使えるように、ビックリーは指南書を書いたわけだ。

ビックリーの論文は、当時の世間には認知されなかったようだが、ゲーム理論の研究者の俊英たちは迷うことなくこのあとに続いた。そして、1990年代に、オークションが現実に利用されることが世間にも大きく注目されるようになる。すると、ビックリーは晴れてノーベル賞を受賞することになった。ビックリーの死の、ほんの数か月前のことである。

そうはいうものの、値付けの魔術に万能ルールは残念ながらない。例えば、生徒を学校に割り当てる、重患者に移植臓器を割り当てる、若い医師を病院に配属させるといった、金銭をともなう値付けの魔術を無思慮に使ってはいけないとされる社会問題が、世の中にはたくさんある。だから、ビックリーなどを基本方針としながらも、問題ごとにふさわしい決め方のルールを、その都度ていねいにオーダーメードしないといけない。

こんな風に考えて、オークションの経済学はスタートしたわけだが、今では多くのノーベル賞受賞者を輩出するような花形分野になっている。

押しの強い、声のでかい人、裏でズルをやれる人が勝つような決め方を、政府などがしていてはいけない。オークションのような透明性の高い決め方のルールを、困難でも、成果が見えにくくても、積極的、具体的に取り入れる姿勢を政府はもつべきだ。

しかし、どうも日本ではこういった理屈が通らないらしい。

電波オークションと日本の孤立

最後に、世界中がオークションをこぞって取り入れた、エポックメイキングな出来事についてお話ししよう。それは、携帯電話事業者に周波数利用免許を割り当てる、電気通信産業の政策現場において起こった。１９９４年以降の話である。

20世紀末のアメリカ政府には、携帯電話がどのように普及し進化していくのか見当がつかなかった。しかし、携帯サービスには無限の可能性があること、事業者のビジネスには多様性があることなどを重視した結果、周波数免許を細分化して、各事業者が、思い思いのビジネスを実現できるように、複数の免許を自由に組み合わせてパッケージ購入できるようにしたい、と考えた。しかし、そのためには、前例のない複雑なオークションのルール設計が必要になった。

そこで、アメリカ政府は、ルール設計を、その道のプロとなった元俊英たちに依頼して、「SMRA（Simultaneous Multiple Round Auction）」とよばれる新ルールを完成させたのだ。それを実施した結果、数兆円規模のとてつもない大商いになったのである。これはアメリカ国民の度肝を抜いた。

このオークションは単なるバブル現象のように思えなくもないので、今となっては大手を振って大成功とは言い難いかもしれない。が、それでも透明性の高い配分を実現できたこと、国民の電波利権を守ったことには大きな意義があるのだ。

アメリカに続けと、世界中が周波数免許割り当てにオークションを導入した。談合や不都合はたくさん起きた。が、この世界規模の経験は後々の妙薬になっていった。今までに、OECD加盟国すべては、オークションによって周波数免許を割り当てるようになっている。いや、一国だけそうじゃない国があった。それは日本だ。

公共目的にオークションを導入する政策は、いわば、「自由主義のマスクをかぶる全体主義国家」でないことを世界に知らしめるための試金石だ。なのに、我が国は、一度もまじめに取り合わなかった。おだやかでないと憂えるのは私だけか？

第7章　タブーの向こう岸

本章のキーワードはタブー。あれをしてはいけない、これを言ってはならない。「空気を読め」と制されるようなことを総称して「タブー」と呼ぼう。タブーは、生命、差別、犯罪といった心の問題につきまとう。時には、タブーを犯すことは社会の秩序を乱しかねないと、理由もあいまいなまま脅されもする。

経済学やゲーム理論の斬新な知見を社会に生かすには、まず最初にこんなタブーの意識をやさしくなだめないといけない。繊細なこのステップをクリアできれば、それは社会が成熟したことの証だ。では、ゲーム理論は、こんなタブーとどのような付き合いをするか。

今回は、「腎交換」、「全体主義」、「放射能汚染」、「犯罪と中絶」、「お金」を例に、このことを説明しよう。見えてくるのは、未成熟なままに生きる、心が狭くなりがちな日本人像だ。

腎交換

まずは、腎臓移植について。わが子が腎臓疾患に苦しんでいる。ならば私の腎臓を摘出して移植してほしい。人は腎臓を2つもって生まれてくるが、実際には1つで足りる。しかし、親子でも、血液型などの適合条件がみたされない限り、移植はそううまくいかない。

そこで、スタンフォード大学の経済学者アルビン・ロス（Alvin E. Roth）が、「腎交換ネットワーク」という社会システムを考案した。適合条件をみたさない親子は、まずこのネットワークに登録する。（いやなら、登録しなければいいだけのこと。）登録すれば、ネットワークの管理者は、適合条件をみたす別の登録者を探してくれる。見つかれば、この登録者の腎臓を移植して、命が助かる。

一方、助かった子の親は、他の登録者の子供に、今度は自身の腎臓を提供する。こうして、「交換」によって、不適合のために泣き寝入りしていた大勢の患者が救われる。腎交換ネットワークは、アジア、アメリカ、ＥＵ、豪州といった、世界中の病院や地域で自然発生し、今や大輪の花を咲かせている。

臓器提供者は、受容者に比べ、圧倒的に少ない。そのため、人の弱みに付け込んで臓器を売買するような悪徳業者が後を絶たない。闇で売買される高額の臓器は、場合によっては、貧困家庭の子供や政治犯などから強制的に摘出されることだってあるだろうから恐ろしい。

これに対し、腎交換ネットワークは、非営利的に、つまり金銭の授受をみとめない仕方で、腎移植をマッチさせていく。こんな「表舞台」のしくみは、広く普及していけば、非人道的な闇取引を駆逐する抑止力になる。

多くの国にとって、見知らぬ人と臓器を交換するなぞ、最初はタブーな決断であったかもしれない。しかし、腎交換ネットワークは、この決断が束になれば、良いマッチができる可能性を飛躍的に高め、多くの人命を救える。世界中の人々は、このことをよく理解し共感することで、タブーを乗り越えたのだろう。

腎交換ネットワークの理念は、２０１２年にノーベル経済学賞を受賞する。「（マッチング）マーケットデザイン」と総称されるこの受賞は、経済学の知見が目に見える形で社会貢献した最重要ケースとして、世界中でとても称賛された。しかし、残念なことに、一部の日本国民は、この受賞をまるで悪魔へのご褒美のように受け止めた。

悩ましいタブーが付きまとうのは、どこの国も一緒なはず。しかし、日本人は自身のタブーを乗り越えられない。日本では、腎交換ネットワークは、今のところ普及していない。しかも、移植学会のような権威に、ウェブ上で、交換腎移植は社会システムによって推進すべきでない、とまで言われてしまうのだから、私ごときが何を言ってもちっとも響かない。（そこまで悲観してないけどもね。）

腎交換ネットワークは夢が膨らむアイデアである。貧困に苦しむ家族が、腎臓病の子供を抱えている。腎臓移植が必要だが、家族に適合者はいない。こんな時、この子供とお母さんが、無料でアメリカに行き、移植を受けて、腎臓提供もして、（ちょっと観光でもして）元気になって、母国に帰れる。この子のお母さんから臓器提供を受けるアメリカの家族は、手術代から旅費から何から出してあげたわけだ。

実はこれはもう夢物語でもなんでもないそうである。日本のタブーなんぞくそくらえ、である。気鋭のゲーム理論家アンバー（Utku Unver）をはじめとするグループは、肺の交換ネットワークについても研究している。肺は5つの部位で構成されている。だから、肺に疾患がある場合には、複数のドナーが必要になる。親戚や脳死者からの移植だけではどうにもならないケースなのだ。しかし、交換ネットワークがうまくデザインされれば、こんな悪条件のケースでも、多くの人命を救うことができるようになるかもしれない。アンバーくんは、日本をたびたび訪れて、肺移植の専門家とコラボしているそうだ。日本の肺移植の技術は世界でも図抜けているそうで、日本で最初に肺移植ネットワークがスタートするといいと私に話してくれた。日本人として恥ずかしく穴があったら入りたい。

全体主義

世間体を気にして、人と違うことはしない、偉い人にはさからわない。同調や服従といったこんな態度は、日本人の専売特許のように思うことがある。みなさんはいかがか。

しかしこれらは、タブーを守るための世界共通手段でもある。だから、日本人のみならず、世界中の人々も、もっと注意しないといけない。なぜなら、こんな性向の人物は、悪玉権威者の言いなりになる典型だからだ。

この本でこれまでにも幾度か登場している逸話をもう一度、いや何度でも繰り返そう。哲学者アーレントは、ナチス・ドイツにおいてユダヤ人を死の収容所に送り込んだ「ホロコースト」（ユダヤ人大量虐殺）の首謀者、アイヒマンについて分析した。その結果、アーレントは、アイヒマンはヒトラーのような悪魔ではなく、ありふれた小役人風の人物と見切った。凡人こそが、権威に服従し、他人に同調して、愚行に駆り立てられる。ナチスドイツのような全体主義は、多くの異常人物が同時に現れなくても、いつでもどこでも、手を替え品を替え起こり得る。アーレントはこのように考察してみせた。

しかし、こんなアーレントの考察は、当初は強い敵意をもって迎えられたそうだ。ユダヤ人の被害者感情を逆なでする。ナチスについてこんな風に語るのはタブーだ、というわけで、ユダヤ人社会から村八分にされたそうだ。

だが、アイヒマンのような異常行動は、実は容易に再現できるということがわかってくると、事態は一変していく。例えば、大学生を集めて、囚人と監視人とに役割分担させて、数日間監獄生活を疑似体験させる。すると、本気で恐ろしいリンチ行動をとり続けるようになるそうだ。スタンフォード大学ジンバルドー教授による、こんなスキャンダラスな実験はずいぶんと世間で話題になり、映画化までされた。今日では、アーレントの考察は、全体主義を抑止する道筋を示唆する重要な一歩と評価されている。

アーレントの観察の重要なポイントは、独裁者によるマインド・コントロールによって衆愚が生み出されるという点にある。これは、政治は民主か専制か、という問い自体が不完全で不毛であり、政治的決定のプロセスを制度設計の理論的な問題として考えるべきことを示唆する。このような考え方が受け入れられるようになったというわけだ。

しかし、だからといって、ナチスに対する感情的なタブーはなくならない。なので、このことをよくわきまえた上で、社会科学者はていねいに真理の追究を模索していかないといけない。これは結構つらく難しい道のりなのだ。

私見では、欧米に比べて、日本のメディアの方がナチスやヒトラーについて言及することに寛容だ。この私見は、以下の私の経験と、この本が無事出版される事実、という2点を主な根拠とする。

私は、アーレントの考察をもっと掘り下げるべく、あるゲーム理論の論文を発表した。[*1] 第4章「全体主義をデザインする」の元論文である。それは、アイヒマンのような同調の感情を、一般市民がほんのわずかでも持ち合わせているならば、邪悪な権威者が一般市民を意のままにコントロールし、悪事に加担させることができることを、ゲーム理論的に証明した論文である。ジンバルドーの実験のように、監獄のような特殊な環境を設定しなくても、全体主義の脅威は、日常のハラスメントとして、もっと身近に起こり得るというわけである。だから、もっと、もっと注意しないといけないと、この論文は主張するのだ。

しかし、とある海外専門誌の審査結果は、「ホロコーストの被害者の遺族感情に配慮し、権威者は邪悪でなく、社会福祉に貢献する存在と仮定せよ」とのことだった。そのため以降私は、内容を幾度も幾度も大幅に修正する長いトンネルの中で過ごすはめになった。結局、掲載許可がおりた最終稿では、本来の意図が伝わらない内容になってしまった。実に残念だったが、研究者たるもの、こんなことでへこたれまい。しかも、この本の出版によって少しは憂さを晴らせそうだ。

放射能汚染

2003年、経済学の重要専門誌に、コロンビア大学の研究者グループによる、放射能汚染と発達被害との関係についての実証報告が掲載された。チェルノブイリからかなり離れたスウェーデンに住む子供たちを調査したところ、数理能力において有意な低下が確認されたというのだ。このような発達被害の是非を医学的に問うのはとても難しい。しかし、計量経済学の手法を使えばそれがある程度可能になる。

だが、2011年の福島原発事故の際、この報告が日本人経済学者のブログに紹介されるや、結構な数の日本の数理科学研究者から敵意をもって迎えられることになる。被災地の親の感情を逆なでする。出産の判断に悪影響を与える。そして、そもそも経済学的アプローチを受容できない。こういった抗議が、私あてにも飛び込んできた。挙句には、「大学対策本部に通報した。このブログを読んで中絶を決断する女性を救済するため、今すぐあなたがその経済学者に掲載を停止するよう説得しろ」と脅される始末。

私は、こんな集団ヒステリーのにわか治安維持法違反で検挙されかねないと、こんな勇敢な当経済学者にブログを削除するよう説得してしまった。今となっては、ずいぶん無責任なことをしたと反省しきりである。

経済学は、社会のデータをていねいに分析することで、目を背けがちな問題にも正面から向き合うことを使命とする学問であるべきだ。もしも放射能の学習能力への影響が見えてきた場合には、より良い教育プログラムをどうすればいいか、などを、みんなで腹を割って議論すればいい。私は、日本政府に、こんな経済学的アプローチをもっと活用することを切に期待したい。(原発事故の発生からだいぶ月日が経過しているけれども、このことに関する実情はあまり変わっていない。)

犯罪と中絶、さらには貧困

1990年代、ニューヨークで急激に犯罪率が低下した。メディアはこぞって、これは市長ジュリアーニが大胆な犯罪撲滅政策を講じた賜物だ、すばらしいと称賛した。ジュリアーニ市長は、人家の窓ガラスが割れたままといった些細なことでも、犯罪の早期発見につながるとして、徹底的に取り締まったのだ。人種差別や偏見にかかわるような取り締まり方さえ辞さなかったようだ。にもかかわらず、このようにして、彼は「世界の市長」と称されるようになり、大いに尊敬を集めた。

ところが、シカゴ大学の経済学者スティーヴン・レヴィット教授の研究グループが大都市の犯罪率低下の原因を精緻に実証分析したところ、このような徹底取り締まりは、あまり効果がなかったらしい。それどころか、この犯罪率低下には、さかのぼること20年前、アメリカ社会において中絶を合憲とした、とある裁判（ロー対ウェイド裁判）の判決の影響が大きい、とのことである。[*2]

経済力がないため育てることができない母親が妊娠した場合に中絶できない、となれば、都市には孤児があふれる。ならば、1970年代の中絶合憲判決を境に、孤児は激減するはずだ。そして実際に、1990年ごろに成人を迎える孤児は激減して、犯罪率も低下した、というわけだ。

このことは、時期を同じくして、ルーマニアのチャウシェスク大統領による独裁制がほろんだ際に、大統領が民衆によって残忍な仕方で公開処刑されたショッキングな事件とも関連する。大統領は、公衆の面前で、メディアの前で、殺害されたのだ。その殺害の犯人はというと、「チャウシェスクの落とし子」と呼ばれた浮浪者たちなのだ。

1970年ごろ、チャウシェスクは、ルーマニア国民に中絶を禁じ、経済力に関係なく出産を強制した。そのため、生まれた子供の多くが孤児となり、20年後には成人となって、チャウシェスクを殺害したのである。これはなんともやるせない話じゃないか。しかも、ルーマニアと同じ理屈の、だが正反対の現象が、同時期にアメリカでも起きていた、ということだから心が痛む。

今日、経済学の研究者の間では、理論よりもミクロ実証の方が流行っている（私は今愚痴をこぼしている）。レヴィットたちの研究のように、おいそれとはわからないような重要な観測をも見出している。これ自体は、幸運であり喜ばしいのだが、この観測から直接的に政策を引き出す人がいるとするなら、それは要注意である。

重要な観測を得た場合に、次にするべきは新しい仮説形成である。これは理論の仕事になってくる。「理論なき計測」は、場合によっては、ただの危険分子にすぎないのだ。だから、理論なき計測のままでは、この観測事実は、単に信心深いクリスチャンの道徳心を逆なでするだけだ。ここで我々が学ぶべきは、中絶は母親の権利である、ということではない。断じてそうでない。

ジュリアーニ市長は、犯罪撲滅のため、取り締まり強化という「対症療法」を講じた。しかし、経済学の分析でわかったことは、犯罪撲滅にとって本当に必要なのは、こんな対症療法ではなく、もっと本質的なこと、つまり子供の「貧困」の解決ということだった。

中絶の是非という、母親にとってせつない問題は、倫理や法律上の問題だけではすまされない。それは、子供の貧困問題という、我々のくらしを豊かにするにはどうしたらいいかという、「社会厚生」の根本にかかわる問題としてきちんと考えていかなければならない。

本当の経済学は観測のあとから始まる。経済学の大事な使命は、社会のできごとと、社会厚生の根本との間に、どのような関係があるかについて、きちんと仮説形成して見定めていくことにある。もしエビデンス・ベースドの政策を不用意に浅薄に吹聴するのなら、それは大概にせよ、と言いたい。

日本の教育現場においても、子供の貧困が深刻化している。ニューヨークやルーマニアにおける、こんなエピソードは、日本にとって対岸の火事ではない。古い話になるが、アベノミクスは、「新三つの矢」として、「子育て支援」を掲げた。子育て支援の財源を、民間からの寄付に求めるとのことだった。ならば、今の日本に必要とされるのは、富める者が、子供の貧困のために高額の寄付をし続けることができるように、きちんと考え抜かれた社会システムを構築することだ。そして、こんな社会システムをより良くするのに、「お金」の話が今後さらに重要になることは、言うまでもなかろう。

最後に、お金にまつわるタブーで本章を閉める。

お金と矛盾

日本人にとってお金の話はタブーそのもの。お金について口を開く人は、拝金主義者、儲け至上主義者。本当に大事なものはお金では買えない。徳が高ければおのずとお金がついて回る、だそうだ。これではまるで貧乏人の人格までが否定される始末である。お金に真面目に向き合おうものなら石にでもなってしまいそうだ。

これほどまでのお金について語ることへのタブー意識は世界にあまり例がない。このままでは、高額の寄付を当てにするなんぞ出来っこない。それに、お金のタブーに欠かせない、これらの独特の言い回しは、お金についての正しい理解と何ら関係ない。

どうやら、日本では、経済教育、金融教育が、質量とも不足している。お金について正しい教育があまりなされていない。もっと根本的な教育改革が必要かもしれない。教育でお金の会話に誘導しようというのも、私の性には合わないが、反対ばかりも言ってられない。

例えば、お金の機能の中でもあたりまえとされるのが「価値尺度」だ。さまざまな商品があなたにとってどのくらい相対的に必要か。比較検討してみよう。そうすれば、あなたは本当に必要とするものを見定めることができる。それを選べばいい。

同様に、社会にはさまざまな選択肢がある。どれが社会にとって必要か。比較検討すれば見定めることができる。それを選べばいい。このような比較検討のための価値尺度として、お金は大いに役立つ。

しかし、日本人は、お金のこの機能を、とりわけ社会に対して、ちっともあたりまえに使いこなせてない。まるで日ごろから無意識に避けているかのようだ。お金のような価値尺度や、自身の価値観の基準をしっかりもって、それらを使って比較検討して、実際の決断に役立てることが、できないでいる。

だから、このままでは、日本人は、矛盾にみちた言動や行動に終始しかねない。これには、大いに改善が必要である。このことは、当人にとって損になるだけでない。時には、無責任で、迷惑な、恥ずかしい社会的態度にもなってしまう。はたから行動や言動が首尾一貫して見えない。

日本人はもっと「商品フェチスト」になれと言っているのではない。日本人は「自立的に」ふるまえていないということだ。

日本人の奇妙な行動パターンの例として、日本人は、腎交換ネットワーク導入に断固反対する。その一方で、腎臓疾患で困っている日本の家族は、移植手術をうけるべく、大変な思いで海外長期滞在を決断する。今度は、そのような報道を耳にすれば、手のひらを返したように、「頑張って」、「気の毒に」、「応援します」と大合唱になる。日本人本来の、「優しい心」がそう叫ばせるのだが、これは何とも「残酷すぎる」優しさだ。

しかも、日本人は、この矛盾めいた態度に気付いている。矛盾めいた態度のまま生きようとしている。私はこの態度のまま生きようとしたくない。

第8章　幸福の哲学

本章のキーワードは幸福。人間だれしも幸福になりたいが、それは容易ではない。ならばだれかに教わろう。ところがその教えは説教臭くなり、聞いているこちらは逃れにくくなる。逃れるため心が飛躍する。こんな工程が繰り返され、そのうち「繊細な哲学」が宿る。

本章でこのようなことを書く。

ベンサムのミイラ

ロンドン市内にユニヴァーシティ・カレッジ・ロンドン（University College of London：UCL）という名門大学がある。その学内のホールの通路には「ミイラ」が展示されている。没年1832年哲人ジェレミー・ベンサムの「自己標本（オート・アイコン）」がそれだ。ベンサムご本人の遺言にしたがって、ミイラは教授会にもご出席されるとのこと。嫌味を言わせていただくなら、老害もここまでくればあっぱれだ。でも私はこの哲学者のことを嫌いではない。写真は、私がベンサムに初めてお会いした際の記念すべき一枚である（写真8―1）。

写真８―１：私とベンサム［写真提供：筆者］

ベンサムの頭部だけは蝋でできている。どこぞの悪ガキ学生がベンサムの本物の骸骨でサッカーして損傷したから作り物に換えたのだなどと、どなたかにお聞きしたことがあるが、真偽のほどは定かでない。

こんなベンサムには有名なキャッチフレーズがある。それは「最大多数の最大幸福」だ。「1人ひとりが幸せになれば、それは社会の福祉向上に一番好ましいことだから、そうなるような行為や政策をしましょう」。ベンサムは、こんな、何とも無邪気にきこえる倫理観を主張されたお方なのだ。しかし、ベンサムは、この主張を大真面目に突き詰めて「パノプティコン」と呼ばれる刑務所の建築設計の構想にいたった。

監視なき監視

人は、自分の意思では必ずしも上手に幸福を実現できない不器用な存在である。（たしかにそうだ。）子供、病人、犯罪者にいたっては、とりわけそうに違いない。ならば、国家が個人

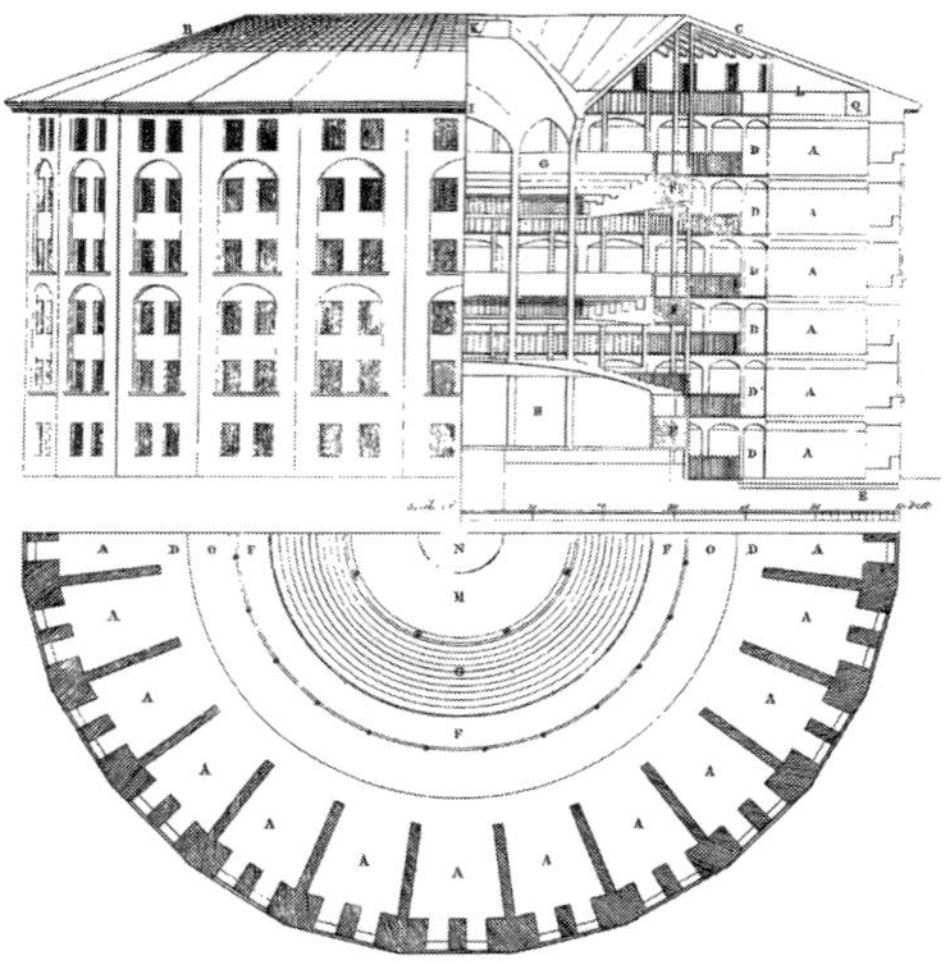

図8—1：パノプティコン［図4—4再掲］

に干渉して、そのくらしぶりを正さないといけない。（ううむ、そうかな。まあいいか。）

このような個人への干渉のことを、パターナリズム（家長温情主義）という。しかし、国家が個別にいちいち干渉していたのでは、あまりにコストがかかるし、非現実的だ。

そこで、ベンサムは一望監視システム、つまり、パノプティコンという名の監獄を考案して、国家の意向に従順にふるまう個人を生産する仕組みを発明したのである（図8—1）。（まさに天才がなせる発想だ。至極感服。）

建物は円形で、大勢の囚人を収容できる。囚人には独房が用意されている。独房は円形の壁にぐるりと配置されている。円の中央には監視部屋の塔が設置されている。独房のドアは、監視部屋に向かって開かれている。こうして、常に全員を監視できる態勢がととのう。ただし、ちょっとした光の入り方の工夫によって、囚人からは監視人が見えなくなっている。囚人は、姿の見えない監視人にいつも監視されている気分になる。だから、国家の意向に、いつでも従順でいないといけない。

そのうち意向に沿うことが習慣になる。さらに、習慣は倫理的にも正しいと考えるようになる。習慣に背くと、国家のみならず、社会の構成員からも非難されると思うようになる。自分もまた、他人が習慣に背けば咎めたくなる。こうして、囚人は、従順と同調の感情に支配されることで、徐々に更生され、晴れて娑婆に戻れる。

パノプティコンでは、監視人1人で一度に大勢を更生できる。しかも、監視人は、こっそり遊びに出かけても、囚人にはばれないのだからヘッチャラだ。だから、囚人に活動の自由を十分与えておいても問題なしである。強制の弱い、「ソフトな」パターナリズムでも十分に効果ありなのだ。

パノプティコンの善悪は、パターナリズムを行使する主人がどんな意図をもっているかにゆだねられる。第4章「全体主義をデザインする」は、こんなパノプティコンへのオマージュであった。

パノプティコンが最良かどうかは別として、刑務所を、罰を与える場所としてではなく、囚人を社会復帰できるように更生するしくみとするのには賛成だ。私の先祖にあたる明治の事業家、金原《きんぱら》明善《めいぜん》は、更生保護事業を日本で最初に始めたひとりだ。それまでは、刑期を終えても、厳しい村八分のため、犯罪を繰り返すしかなく、挙句は自殺に追い込まれてしまった。しかし、日本にこの更生保護という考えは未だ根付いてない。現在、事業所は質量ともに不足していると聞く。そうなら残念な話である。

日本社会にはいじめや村八分が染みついている。いじめや村八分が、まるで日本社会の秩序の根底を支えているかのように使われている。もしそうなら、それは幸福からはほど遠い。

高度福祉国家

パノプティコンは、国家が、最小限の強制によって、国民を規律正しい行動に導くための、仮説的装置になる。何も刑務所に限ることはない。学校、病院、職場、あらゆる「公共の場」すべてに「パノプティコン・パラダイム」はあてはまる。

気付いてみれば、現代は、監視機能のついた携帯通信の普及や、町中に監視カメラが設置されているなど、まるで全体がパノプティコンのような「監視なき監視社会」だ。

20世紀フランスの哲学者ミッシェル・フーコーによれば、こんなパノプティコン・パラダイムは、社会の隅々に張り巡らされる、高度福祉国家を実現させるための一大プログラムだそうだ。

では、国家の意向に沿う幸福の実現とは、どのようなものなのか。つまり、ベンサムのいう「幸福」とは一体何なのか。その答えは私にはよくわからない。ベンサムは、みんなの幸福を比較したり足し合わせたりすることができると考えていたようだ。しかし、どこにそんな測定基準があるというのか。

幸福を測る

20世紀終わりごろ、一部の脳科学者の間で、脳活動を画像化するハイテク装置「fMRI」を使えば、幸福度の客観的基準がいずれは見つかるはずだと大騒ぎしたことがあった。しかし、技術がいくら進歩したって、幸福の客観的基準など見つかるはずもなかろうに。（こんな茶番はきっとこれからも繰り返されるだろうが。）

奇妙な結果をもたらす心理実験を、1つ紹介しておこう。仮に、幸福度の基準をなんとか説得的に決められたとしよう。この基準に照らして、もともと幸福度の低い人と高い人がいたとしよう。そして、前者は宝くじに大当たりし、後者は大けがをした。ならば、2人の間で、幸福度は、もちろん大逆転だ。

しかし、しばらくすると、まだ傷も癒えないうちに、宝くじの賞金もほとんど使ってないうちに、2人はもとの幸福度に戻ってしまった。これでは、けが人のほうが金持ちより幸福ということになり、どうも合点がいかなくなる。

幸福を測ることに意味がないわけではない。しかし、幸福を測ることは難しいし、そもそも幸福とは何かについて、我々には、不思議なほど、コンセンサスがない。

その一方で、幸福がかなり不適切に定義されていても、みんなそれになかなか気付こうとはしない。

選択の科学

では、経済学は、幸福をどのようにとらえているか。経済学は、別名「選択の科学」と称される。経済学は、人々がより良い選択をするにはどうしたらいいかを分析する学問である。より良い選択ができればより幸せになれると考えるのなら、経済学は幸福を追究する学問と言ってよかろう。

こんな経済学の重要な特徴は、あなたにとってより良い選択と、私にとってより良い選択とを比べて、どちらがより重要か、といった、個人間で比較したり、足したりするための測定基準を、あらかじめ想定していない点にある。

所得分配の公正さ、望ましい倫理の在り方などを考えていくと、いずれ個人間で比較することが必要になってくる。こんな場合に備えて、経済学は、どんな個人間の比較基準を想定しても、分け隔てなく分析できるように、うまく設えられている学問なのだ。（ここは、経済学に対してリップサービスしているため、割り引いて読んでほしい。）

しかし、実際の経済人は、正しい選択をうっかり間違えたり、正しい選択ができない状況に追い込まれたりする。よって、パノプティコンのような、ソフトなパターナリズムが、日常的な経済活動の随所で必要になってくる。

ナッジ

例えば、健康管理に気を付けなければならないのに、高カロリーの惣菜と低カロリーの惣菜が売られていると、どうしても高カロリーのものを買ってしまいがちだ。こんな時、低カロリーの惣菜を目のつきやすい棚においておけば、高カロリーの惣菜に気付きながらも、正しく低カロリーのものを購入するように、消費者を誘導できる。

このようなちょっとした工夫は、消費者の選択のメニューを、無理に限定したり、消費者を強制したりしてない。ちょっと肩を一押しされるだけで、消費者は、より良い選択へうまくコントロールされる。このような工夫のことを、リチャード・セイラーに代表されるようなタイプの行動経済学者は、「ナッジ（軽く肩をつくこと、nudge）」と呼んでいる。ナッジは、ベンサム流のソフトなパターナリズムと、実質的には同じようなことである。ベンサムのパノプティコンは、現代の経済学にしっかり息づいていると言っていい。

では、みなさんは、こんなカロリー問題が、上述したようなナッジによって解決されることを、本当に望んでいるのだろうか。本当は、この惣菜は高カロリーだという情報を教えてもらうだけで、あとは自分自身の力だけで解決したい、と思っているのではなかろうか。

このような質問をすると、少なからざる人が、ナッジを好まない、と答えるそうだ。どんなにソフトであっても、パターナリズムからできる限り逃れていたい。他人から干渉されず、自立的でありたい。少なからざる人が、こんな風に願っている。

自立的個人

パノプティコンの主である国家が意図する福祉理念は、自明なものでもないし、きちんと基礎付けられてもいない。だから、国家は、過去の経験から科学者、専門家、有識者の意見にいたるまで、さまざまな媒体を利用することによって脆弱な理念を裏書することに余念がない。パノプティコンは、国家の意向に即するも、根拠のあいまいな社会規範を生成する装置と化すのである。

パノプティコンから逃れたい、自立的でありたいとする人は、慣習に照らして、よくないおこないだと他者から非難され、押しつぶされそうになる。だから、高度福祉国家と自立的個人は、手を取り合うことなく、絶えず緊張関係に置かれることになる。

例えば、今年東大を卒業する「私」は、ＩＴベンチャーに就職したい。しかし、家族は、とある大手企業に「普通に」就職しろと反対する。大手企業に普通に就職すれば、家族から称賛される。結局、優秀な東大生である「私」は屈服し、就職初年度からつまらないコピー取りにいそしむことになる。なんてむなしい。（コピー取りというのは暗喩である。能力を有効利用することとは別の論理で仕事の割り当てがなされていることを、皮肉っているのである。）

福祉、福祉は大いに結構。だけど、つまらない倫理感に押しつぶされるのは御免こうむりたい。だから、私は、一市民として、そして経済学者として、いや社会科学者として、幸福の実現とは、自立的であり続けたいとするエンドレス・ファイトだと定義したい。

第3部

「制度の経済学」を問いただす

はじめに

ゲーム理論がとりわけ経済学に貢献してきたことは、第2章ショート・キュレーション2で説明済みである。第3部では、これについてもっと踏み込んだキュレーションをまとめてみた。

ゲーム理論は、経済が繁栄していくためには、経済主体（経済活動をする人のこと）が利害対立を自ら克服するインセンティブを持つことが大事であると考える。このことをきちんと理解できるようにするため、ゲーム理論は、経済のしくみを支える「制度」を明らかにする作業を前面に押し出した。だから、ゲーム理論は制度の経済学と言っていい。

しかし、こんな制度の経済学は、経済学の枠を飛び越えて、もっと広い社会科学の見地に立ったほうがもっと面白くなる。そのため、第3部では、今までの制度の経済学が解説されるとともに、制度の経済学の「次世代ビジョン」をも広く知ってもらう。

各章のテーマは、「情報の非対称性」、「証券取引ルール」、「繰り返しゲーム」、「マーケット・デザイン」である。制度の経済学の代表的なテーマばかりだ。

第9章 「情報の非対称性」の暗い四方山話

情報の非対称性とは

築地のマグロせり

2014年10月、気鋭の超個性派経済史家田中光先生の音頭の下、築地市場にマグロせりを見にいくことになった。夜中0時銀座某カラオケ店に集結し、夜通し歌って早朝4時の築地集合に備えるとした。アニソンの集中砲火でくたくたになるも、3時を過ぎたころに受付場所「おさかな普及センター」に到着すると、我々以外はみな外国人ばかりですでに満員御礼。だが、かろうじて入場を許され、なぜか見知らぬスイス美女含め計7名（日本評論社小西ふき子さんを含む）グループで、午前5時半無事出陣した。

冷凍マグロがごろごろする中、せり人が、小さいものから1本ずつ、結構なスピードでせりさばいていく（写真9―1）。このオークションの方式はせり上げだ。

せり上げには幾種類かある。ここではせり人が代表してキロ当価格をシャウトし続けるしくみで

写真９—１：築地のまぐろせり［写真提供：筆者］

ある。オークションに関するキャサディの名著によれば、これは「ジャパニーズ式」とされている。[*1] せり人でなく買い手側がせり上げを競うやり方はイングリッシュ式といい、すこし区別される。

せり人は、お立ち台に上がるや熱狂気味の様子。買い手の業者はというと、熱狂するせり人に購入の意思表示を出しているらしい。が、私にはよくわからない。有頂天になってパフォーマンスしているさまを、「アニソンとはずいぶん違うなあ」と、まあそんな程度の感想しかない。いったい私は何をしに来たのやら。とにかく引率者としての務めは果たさないといかん。

それでも、よく見れば、冷凍マグロのお尻には切れ込みがあり、業者さんはそこをぺらぺらめくって品定めしている。大きいからといって良い肉質とは限らないということか。私ではあんなお尻を見せられてもかなわない。

せり自体に参加することは、我々素人にはかなわぬことで、尻のわかるその道のプロにのみ許される役得だ。素人がマグロのせりに参加しようものなら、質のわからない品物を競うことになるから、いわゆる「勝者の呪い（winner's curse）」にみなが悩まされることになる。

勝者の呪いのことを少していねいに解説しよう。手始めに、築地のマグロの入札ルールとは異なる「一位価格」や「二位価格」といった、いわゆる封印入札を考えてみよう。

封印入札とは、各入札者が指値を紙に書いて封印して、入札主催者に提出し、一斉に開封して、最高額の入札者に落札させるルールのことだ。この時、落札者が自身の指値（最高入札価額）を支払うとすればそれは一位価格入札、次点の入札者の指値を支払うとするとそれは二位価格入札と呼ばれる。

封印入札において、もし自分が落札すれば、それは他の入札者が自分より低い評価をしていたことを意味する。この場合、自分はマグロの質について他の人より過大に評価していた可能性がある。ならば、あらかじめ、自身の知識（私的情報）に従って実直に査定するよりも、低めに見積もって指値した方が得ではないか。かしこい合理的な入札者ならそう気付き、きっとそのように遠慮がちに指値するに相違ない。

しかし、それでも、ごく少数をのぞいて大多数が、「このマグロはいたんでいる」などと査定していたとなれば、たぶん本当にいたんでいるのだろうから、いくら合理的な落札者といえども、自身の私的な情報がたまたま楽観的な内容に偏っていた場合には、ひどいマグロをずいぶんな高値で買わされるはめになる。この現象が、勝者の呪いと呼ばれるものである。

封印入札において、勝者の呪いを完全にさけるのは、入札に夢中になっている限り、まず無理であろう。

一方、築地のような「せり上げ方式」は、指値がお互いに見えて、そのため品質予想を随時修正できる、いわば「公開型」の入札である。これは、合理的な入札者にとっては、勝者の呪いをのがれるありがたいルールになる。せり上げの途中で、ライバルたちが脱落していくさまを見ることで、彼らがどんな査定をしていたかを学習できるからだ。この場合には勝者の呪いは起こらない。

しかし、たとえせり上げ方式といえども、素人には、理屈通りに、こんな上手に学習できる自信はなかろう。それどころか、せり上がるにつれ、「ライバルはなかなかタフだ。ならばずいぶんと上等なマグロなのか」と、だんだん気が大きくなって、せり人以上に熱狂するのではないだろうか。素人が参戦して熱狂してしまえば、それは経験豊富なプロには迷惑千万だ。大した出来でもないマグロに不当な高値が付けられるようでは、目利きできる業者にうまみがなくなる。揚句には、せりにも参加したくなくなってしまいそうだ。

というわけで、我々素人には、見学を終えた後で業者の店舗で切り身を買うのがお似合いだということがわかる。

情報の非対称性

本章は、「情報の非対称性」に関わる話題をいくつか紹介したいと思う。入札（オークション）のような制度の設計を考えるゲーム理論、つまり「メカニズムデザイン」において、研究者は情報の非対称性を前提とする。

各経済主体は、各々の私的情報（自分だけが入手する情報のこと。これを、経済学やゲーム理論では、この経済主体の「タイプ」と呼ぶことがある）をもっている。私的情報がどのような内容のものであるかについては、「私的価値（private values）」のケースと、そうでないケース、つまり「相互依存価値（interdependent values）」のケースに大別される。どちらのケースにも大事な問題が満載である。が、相互依存価値のケースの方が、勝者の呪いのような、のっぴきならないやっかいな問題をはらんでいる。

まず、私的価値について解説しよう。私的価値のケースでは、各経済主体の私的情報は自身の財評価のみにかかわるものであり、他の経済主体の財評価には関係しないと仮定される。そのため、取引される財の客観的な品質については、経済主体間で、十分にコンセンサスがあると仮定される。

例えば、築地のマグロせりは、品定めできるプロの業者だけが参加するから、私的価値のケースと言ってよい。ただし、そのマグロを欲しいと思うかどうかについては、入札者それぞれ好みがある。この好みの部分が、私的価値とされるのである。

ミクロ経済学で必ず習う「完全競争」の世界は、私的価値のケースである。財の品質についてはみんな同じように理解している。ただし、好みは人によって異なると仮定されている。

では、築地のマグロせりに、品質チェックのいろはも知らない素人が参戦できるとしたらどうなるか。その場合には、築地のマグロせりは、「相互依存価値」のケースに該当することになる。

相互依存価値のケースでは、各経済主体は、自身の私的な財評価以外に、財の客観的な品質についても私的情報をもっている。もはや、品質についてあらかじめコンセンサスはない。そのため、勝者の呪いに代表されるような、やっかいな問題が出てくる。

本章は、情報の非対称性の中でも特に、相互依存価値のケースにフォーカスを当てよう。より良いメカニズムはどのようにデザインしたらいいか、といった理想を追い求めることは、本章ではあまり言及しないでおこう。その代わり、相互依存価値のケース、つまり、品質について情報の非対称性があるケースでは、どんないやなことが世の中で起こるのか、といった「暗い話」をじっくり堪能しよう。

逆淘汰という失敗

アカロフのレモン

情報の非対称性下では、もし人々がみな「プライステイカー（price taker）」としてふるまうことを仮定するのであれば、ミクロ経済学の教科書の主軸にすえられる「完全競争」市場モデルによって、パレート最適配分という好都合な配分が達成される。つまり、経済主体は、市場価格をよく見て、よく考えて、この与えられた価格のもとで一番得になるように買い物と生産販売をすると仮定される（これを「プライステイカー」の仮定と呼んでいるのだ）。市場価格は、需要と供給が一致するように、つまり売れ残ったり、買いそびれたりしないように、価格の高低をうまく調整して設定される。経済学は、このことを「市場は完全競争である」と呼んでいる。完全競争においては、経済主体に最高水準の満足が提供される。つまり「パレート最適」な配分が実現されるということである。

完全競争の、このような好都合な性質は、実は私的価値が仮定されることに決定的に依存している。もし、品質についても情報の非対称性がある、つまり相互依存価値のケースであれば、こうはいかない。むしろ逆に、完全競争は、「逆淘汰（adverse selection）」という名の、市場の失敗をもたらす情けないはめになる。

情報の非対称性の観点から、完全競争にかみついた最初の経済学者はジョージ・アカロフである。[*2] ノーベル経済学賞受賞者だ。アカロフは、中古車市場を例にとって、市場の失敗を以下のように説明してみせた。売り手は自身の財（中古車）の品質を熟知しているが、買い手はそれを知らないと仮定する。すると、「逆淘汰」、すなわち、良い品質の中古車ほど市場に出回らなくなる、つまり市場の失敗が起こる、と論じたのだ。

中古車は、外面からは中身の良し悪しがわかりづらい。外面はピカピカでも、中身はボロボロだったりするからだ。こんな中古車は「レモン」にたとえられる（その逆に、外面は悪くても中身は良いたとえに「ピーチ」などが用いられる）。アカロフの中古車における市場の失敗は、「アカロフのレモン」と称されて、研究者の間で広く長く愛されている、経済学のとっておきのアイデア（思いつき）である。

では、このことを、中古車市場でなく、労働市場を例に、もう少していねいに考察してみよう。労働者（労働の売り手）は大勢いて、有能労働者と有能でない労働者に大別されるとしよう。有能労働者は賃金が1000万円以上でないと契約に応じない。有能でない労働者は最低賃金（ここではゼロ円）でも働く。

雇用主（買い手）は、有能労働者を雇うと収益2000万円を稼ぐが、有能でない労働者からは収益ゼロ（円）である。

雇用主は労働者よりも大勢いると仮定しよう。つまり売り手市場だ。この売り手市場の仮定のため、市場均衡価格（賃金）は雇用主間の競争によって定まることになる。つまり、雇用主の期待利得は、雇用主間の競争の結果、ゼロに設定される。期待利得が正ならば、新しい雇用主が参入してきて、より高い賃金で労働者を確保しようとするからだ。

例えば、実際の労働供給全体に占める有能労働者の割合が30％であるならば、合理的な雇用主は、任意の労働者から２０００万円×30％＝６００万円の期待収益をあげることができると予想することになる。ならば、雇用主間の競争によって、市場均衡賃金は６００万円に定まる。

ここで、有能労働者が実際に全員供給されるとは限らないことに注意されたい。つまり、働いていない有能労働者がいるかもしれない。

ここでいよいよ、品質についての情報の非対称性を意味する重要な仮定を置く。つまり、労働者自身は自分が有能かどうかを熟知しているが、雇用主にはそれがわからないとするのである。

この場合には、賃金ゼロが、必ず完全競争均衡になることが、以下のように示される。賃金ゼロの下では、有能労働者は、こんな条件の悪い市場から撤退するだろう。だから、有能でない労働者ばかりが供給されることになる。ならば、合理的に判断できる雇用主は、実際に供給される労働者の平均的な質はゼロと予想するにやぶさかでない。だから、賃金ゼロで労働者を雇用するか否かは、各雇用主にとっては無差別（どちらでも同じ）になる。このことは、潜在的な有能労働者がどのくらいいるかにかかわらず、需給均衡の成立を保証する。こうして、有能労働者はみな駆逐され失業することになる。これがまさに「逆淘汰」が意味することである。

しかし、全労働者に占める潜在的な有能労働者の割合が半分より大きい場合には、さらにもっと注意深い考察が必要になってくる。

例えばその割合が60％だとしてみよう。そして、有能労働者が自ら、「1000万円よりすこし高い賃金で雇ってくれないか」と雇用主に申し出たとしよう。ならば、賢明な雇用主はこの申し出を受け入れるにちがいない。市場の賃金がゼロだから、有能であろうとなかろうと、労働者にはこのような申し出をするメリットがある。だから、この労働者が有能である確率は60％、つまり2分の1より大きいと予想するのが筋というものだ。ならば、雇った方が絶対いいに決まっている。こうして、賃金ゼロの完全競争均衡に、こんな抜け道ができる。

雇用主側も、知恵を働かせて、やはり1000万円より高い賃金を求人広告に出せば、失業中の有能労働者を眠りから覚まさせることができる。実のところ、潜在的な有能労働者の割合が高く、例えば60％のケースでは、ゼロ賃金以外に、賃金2000万円×60％＝1200万円が、別の完全競争均衡になる。このような高賃金なら有能労働者も喜んで供給するから、市場に出回る労働者のうち有能労働者の占める割合は60％だと予想していい。ならば、雇用主間競争の結果、賃金1200万円で需給が均衡すると考えてよい。だから、この場合には逆淘汰は起こらない。

よって、有能労働者の割合が2分の1より大きい時には（あるいはちょうど2分の1でも）、逆淘汰は起こらず、しかもパレート最適が達成される。

しかし、潜在的な有能労働者の割合が低く、2分の1より小さいケースには、完全競争均衡は賃金ゼロで、有能労働者は失業し、逆淘汰が起きてしまう。

有能な労働者は得てして希少である。だから、後者は、馬鹿にならない、実際に起こりうる重要ケースだ。

スペンスのシグナリング

逆淘汰は、つまるところ、有能かそうでないかを雇用主側が識別できないことに起因する。なので、きちんと識別できるような社会のしくみがほしいところだ。

同じくノーベル経済学賞受賞者である経済学者マイケル・スペンスは、もし有能な労働者が高学歴、そうでない労働者は低学歴、という関係がはっきりしているのなら、逆淘汰を回避できると論じた。*3 つまり、労働市場を高学歴市場と低学歴市場にわけ、高学歴市場の賃金を2000万円、低学歴市場の賃金をゼロとすれば、それは完全競争均衡になるというわけだ。

高学歴市場で供給される労働者はみな有能であるから、雇用主間競争の結果、賃金は2000万円に定まる。低学歴市場には有能な労働者はいないから賃金ゼロだ。これはまちがいない。

ただし、これは一見逆淘汰の完全解決に思えるが、実はそうでもない。というのも、有能な労働者とはいえ、高学歴を手に入れるためには、それなりの教育費用がかかるはずだからだ。もしこの費用が2000万円を超えるなら、高学歴になるうまみはなくなる。だから、まず必要な条件として、有能労働者にとって、この教育費用は2000万円以下でないとまずい。

有能でない労働者も、高学歴になれば高い賃金がもらえるから、教育に励もうとするかもしれない。そうであれば、こんな識別はできなくなる。もっとも、有能でない労働者にとって、教育費用が2000万円を超えていればその心配はない。

だから、高学歴が有能であることの正確なシグナルになるためには、有能労働者の方が、そうでない労働者よりも、低い教育費用で高学歴を手に入れることができるとする仮定が必要になる。

高学歴であることの直接的な便益、例えば大学での知識の習得などを無視すれば、有能労働者が、そうでない労働者と識別される「だけ」のために高学歴を手に入れることになる。こんな教育費用は、そのまま社会的損失にカウントされよう。

スペンスのシグナリングには、こんな無駄な教育費用という代償が付き物だ。だから、シグナリングによる識別は、完全な問題解決というわけにはいかない。

さらなる問題は、シグナリングに基づく市場均衡は、潜在的な有能労働者の割合にかかわらず必ず成立する点にある。

もし割合が2分の1より大きいならば、シグナリングがなくても有能労働者は雇用され、パレート最適が実現できたはずだ。しかし、同じ条件下でシグナリング均衡も成立してしまうのだ。シグナリング均衡は、シグナリングのための費用という社会的損失を伴うから、もはやパレート最適ではない。この場合には、むしろ、「受験戦争」という名の厄介な、世の中にないほうがいいような、社会制度になってしまう。

教育には少なくとも2つ効果がある。1つは労働者を有能にする(有能労働者の割合を引き上げる)効果、もう1つは、上述したシグナリング効果だ。大学は、後者なんかよりも前者の効果をもっともっと重視していった方が絶対いい。

受験戦争は、大学を、高学歴のシグナルを提供するだけの機関のようにとらえる点からも、実に不満なしくみだ。もっとも、受験生は、実際には、将来所得を計算することだけで自分の進路を決めているわけでない。もっと別の理由でも自分の進むべき道を考えているはずだ。その理由が将来所得の計算より本当にいいものか、というと、それは一概には何とも言えない。

文化的差別

このことに関連する別の話題として、スティーブン・レヴィット等による「文化的差別(cultural segregation)」の考察がある。[*4] 雇用主が求人広告を出したら、幾人か応募があった。その中から誰を面接に呼ぶべきか。ここで雇用主は、情報の非対称性に直面する。ならば「名前」で決めてしまえ。つまり、黒人特有の名前の人は面接には呼ばない、とするのだ。というわけで、これはアメリカ社会の差別の話なのだ。

こんないやな差別で雇用機会を逃さないよう、親はもっと別の、黒人らしくない名前を付けてやればいいじゃないか。ところが、こんな差別くらいでは、なかなか名付けの仕方を変更する根拠にはならない。彼らにとってはもっと大事な、先祖代々の名前にしようということに結局はなってしまう。その傾向は、貧困層ほど顕著のようだ。こうして、貧困は、文化的差別のトラップにはまってなかなか抜け出せないのだ。（だからといって、先祖代々のことを軽視してはいかん。）

統計的差別

先の話に関連するが、「偏見（prejudice）」とは、実際には差がないのに、特定集団を差別することを言うそうだ。アメリカ社会では、スピード違反やマリファナ吸引などで、黒人の検挙数が多いとされている。これは黒人に対する偏見が原因ではなかろうか。つまり、警察は、黒人のみをターゲットに検挙しているのではなかろうか。また、学歴で人を差別する。女性社員に社内教育しない。これらも偏見ではないか。

こんな偏見の対抗馬として、「統計的差別（statistical discrimination）」という概念が知られている。[*5] 実際に統計的にはちゃんと差があって、そのために特定集団を差別しているケースのことだ。

例えば、女性と男性の離職率を比べると、実際に有意に差があったりするものだ。この場合には、女性に社内教育をしないという差別は、偏見ではなく、統計的差別の問題とするべきだ。シグナリングでは、高学歴と低学歴が区別され、しかも実際に能力差があるから、統計的差別と似ているといえる。にもかかわらず、我々は、以下の理由によって、統計的差別とシグナリングを厳格に区別して扱う必要がある。

シグナリングでは、コストをかければ、シグナル（属性）を自分で選べる。しかし、統計的差別の場合は、人種、年齢、性別、文化的差別など、生まれながらの属性について差別されるのであって、容易にそれを自分では選べない。

だから、統計的差別には、以下のような、いやな問題が付きまとうのだ。まず、本当は有能なのに、生まれながらに差別された集団に属するがため、なかなか世間に認められない。能力についてもっと直接的に真偽を伝える方法があれば、こんな差別を受けずに済んだだろうに。

また、差別される集団にみられる差は、実は「自己実現的」にも生じている。差別されている集団に属すると、社会でなかなか評価されないので、事前に教育投資をして高い能力を身に着けても、それが結局は無駄になってしまう。そのため意気消沈し、事前に高い能力を身に着けるインセンティブを失って、その結果、差別されている集団はやはり統計的に劣っている、となってしまうのだ。

これは、日本の社会に顕著な特徴だ。よその国ではあまり問題視されていない。日本における女性差別の本質の一端がここにある。[*6]

日本経済が絶好調だった時、いろんな経済学者が、日本経済や経営のシステムは独特だが実は素晴らしいのだと世界中に吹聴していた。私は、これに嫌悪感を抱いていた。今や、年功や天下りなどの日本的慣行といわれるものは、非効率、差別、格差の温床だ。日本経済の普及活動は、今となっては、経済学のディシプリンへの、実害の大きい、後味の悪い、不毛な挑戦だった。

バブルといじめ

情報のカスケード（連滝、数珠つなぎ）

一部の人の私的情報のみが突出して利用される。それが人々を「群集行動（herd behavior）」に駆り立てる。残りの人たちの私的情報は開示されない。本人にも利用されない。その結果、バイアスのかかった配分に帰着する。このような情報の不活用にかかわる不都合な事態は、「情報のカスケード（information cascade）」と呼ばれている。[*7]

2つの事例を使って説明しよう。この2つは、本来まったく無関係な問題についてである。しかし、その背景にある仮説的モデルは同じである。同じモデルによって、まったく異なる問題が説明される。これはゲーム理論の醍醐味である。

最初の例は、金融市場の「バブル」現象だ。バブルとは、短期間で不動産、株式、金融資産などが、実態とかけ離れて高騰していき、突然不意打ちを食らうようにクラッシュ（急降下）する現象のことだ。

実は、バブルをどう説明するかは、経済学者にとって目の上のたんこぶなことなのだ。だから、いくら教科書を学んでも、バブルについてまともに理解することができない。

バブルを理解するには、取引者が通常と違う妄想を抱くこと、他の投資家との駆け引きを気にすること、取引者が「市場は教科書のように動いてくれないのではないか」と心配すること、これらの3つをきちんと考慮することが肝要である。それができないと、満足のいく説明にいたらない。これら3つを教科書ではきちんと考慮していない。だから満足な説明ができない。

さらにこまったことに、取引者には、「経済学者を疑う」というファクターがある。そのため、経済学者を疑うということを考慮するモデルを考えださないといけない。至極無理難題である。

その点、ゲーム理論には、ちょっとだけ強みがある。いっぱい仮説的なモデルを作ってみて、煙に巻いておけばいいというわけだ。この章でもこのずるい言い分を踏襲する。そこで、あまたある不完全なバブルモデルのなかでも、比較的よくできたものを1つ紹介しよう。

A社は劣悪な会社である。しかし、世間にはそのことがきちんとは知れわたってない。ただし、大半の投資家は、「A社は劣悪（Bad）」という私的情報をもっている。問題は、みんなの私的情報は、はたして、正しくA社の株価に反映されるだろうか、ということになる。

反映されないと、バブルが起こっていると考えられる。以下に、こんな状況において、バブルが起こる1つの可能性を説明しよう。

A社は、自社株を、以下の手順によって、高値で売りさばこうとたくらむ。そこで、投資家1から順番に、1人ずつ、売っていくとする。

まず、投資家1が、A社株を購入するか否かを決定する。次に、投資家2が、投資家1が購入したか否かを観察してから、自分も購入するか否かを決定する。さらに、投資家3、投資家4、…、と順番に決定していく。この際、各投資家は、前の投資家全員の購入判断を観察できるとする。

重要な仮定として、たまたま最初の2人、投資家1と投資家2、の私的情報は、「A社は優良(Good)」であったとしよう。トップバッター投資家1は、自身の私的情報のみを頼りに株を購入するか否かを決める。その私的情報はGoodであるから、投資家1はA社株を購入することになる。次に、投資家2は、投資家1が購入したことを観察し、さらに自身の私的情報はGoodだから、やはり購入する。

本題はここからだ。

投資家3は、投資家1と2がともに購入したのを観察している。2人ともにGoodを私的情報としていたと理解するのが妥当だ。ならば、仮に自身の私的情報がBadとしても、Good 2名に対しBad 1名だから、A社は優良と判断するのが、投資家3にとっても妥当だ。

こうして、自身の私的情報に関係なく、前の2人が購入したという事実だけから、投資家3は購入することになる。

こうして、投資家3は「群集行動」をとることになる。

投資家4も、投資家1、2の私的情報がGoodだと判断し、投資家3は自身の私的情報に関係なく購入したとわかるから、やはり、自身の私的情報がBadであったとしても購入するはめになる。同様に、投資家5以降次々と、最初の2人だけの情報を根拠に、A社株を購入していく。みんな数珠つなぎに群集行動のカスケードにはまっていく。

投資家1、2以外の私的情報は、A社株の売買に一切反映されていない。仮に投資家3以降全員の私的情報がBadだとしても、全員高値でA社株を購入することになる。だから、これはバブルなのである。

しかし、途中でA社にとって都合が悪い情報が少しでも公に流れると、投資家たちは、最初の2人が購入したというだけの脆弱な根拠のみで購入していたわけだから、今度はいとも簡単に手のひらを反して、株を手放し、バブルは瞬く間にクラッシュする。

さて、情報のカスケードにまつわる、もう1つの例を紹介しよう。それは、あなたの会社の、ある職員（A）に対する不当解雇（あるいはハラスメント）についてだ。情報の非対称性のとっておきの暗い話で、本章の幕を閉じよう。

社内の2人の職員（B、C）を除いた他の職員全員が、Aは解雇に値しないことを裏付ける私的情報をもっている。ならば、全員の私的情報を合わせれば、Aが解雇に値しないことは明らかだ。にもかかわらず、各職員に、Aが解雇に値するか否かを順番に質問していくと、おかしなことが起こるのだ。

最初の2人がたまたま解雇に値すると答えるならば（つまり職員B、Cならば）、3人目から先は、バブルの例と同様に、右へ倣えとなり、結局Aは本当に解雇されてしまう。だから、たまったものじゃない。

気持ち悪いのは、もし職員Bが、職員Aを個人的に嫌っていて、なんとか貶めたいという陰険な意図があった場合だ。Bは、自分以外にAについて悪い情報をもっていそうな人、つまりC、をあらかじめ突き止めておく。そして、トップバッターを自分（B）、次にC、の順に、Aの解雇の是非について質問していく。このように手順を操作すれば、思い通りにAを解雇できるという企みだ。

こんな企みが事前にばれてさえいれば、他の職員は群集行動に駆り立てられはしまい。しかし、こんな企みがあろうとは予想もしたことがないとなれば、解雇したい人を意のままにできるのだから、恐ろしい。

もっとも、後で、「なぜあなたはAの解雇に賛成したか」を、みんなに問いただせれば、「実は他の職員の意見に合わせただけだ。自分自身はもともと否定的な評価ではなかった」とわかるから、不当解雇のことは容易に立証できる。しかし、たいていは、被害者Aは、ただ意気消沈し、こんな異議申し立てはせず、泣き寝入りしてしまいそうなのだ。

何とも話が暗すぎるので、情報のカスケードの解決策を紹介することで本章を終えるとしよう。

- 私的情報が本人の行動に反映されないような仕方で質問してくる輩には、真面目に取りあわないこと。
- 隣同士コミュニケーションをよく取ること。
- 随時評価をきちんと査定して、コンセンサスを形成しておくこと。
- 情報のカスケードのことをよく勉強して、きちんと正しく理解しておくこと。

第10章 早いもの勝ちから遅刻厳禁へ

証券取引のしくみをあばく

ゲーム理論仲間の神取道宏先生と尾山大輔先生と3人でランチした際のこと。2015年ごろの話。神取さんいわく、「(なにがしの)学会でも世間と相変わらず話題はピケティ、ピケティだが、実は同じくらい熱心にみんなが注目している論文がある」(ピケティとは、著書『21世紀の資本』が大ベストセラーになったフランスの経済学者トマ・ピケティのこと)。その論文とは、バディッシュたちによる、メカニズムデザインの視点からファイナンスを解き明かす、啓蒙的かつ実践的なゲーム理論研究のことだ。[*1]

昨今の証券取引市場では、高頻度取引(HFT:High Frequency Trading)によって利ざやを先取りしようと企む、「フラッシュボーイ」と呼ばれるやんちゃなトレーダーが、大手証券会社を格好の餌食にしているとのこと。ならば、我々の財産も脅かされかねない。メカニズムデザインによって何とかせねばならん。

というわけで、本章は、証券取引におけるトレーダーのインセンティブをよく理解し、現行ルールにどのような病巣が潜んでいるか、それをいかに治療すれば良いかを、ゲーム理論的に解き明かす。[*2]

本章は、今ちまたで話題の「フィンテック（Fintech）」にかかわる問題だ。それは、高度情報技術が金融サービスにイノベーションをまきおこす一大ムーブメントである。だからフィンテックが健全に発展することを支援したいのだ。そのためには金融取引の仕組みを「理性的に」見直す、さらには、当事者の中にはいやがる人もいるかもしれないけれども、大がかりに制度設計することも必要になる、ということだ。

株を売却する

証券取引のしくみを、ゲーム理論、メカニズムデザインの視点から理解しよう。以下に、Aさんが B社株（1000株ひとまとめ）を売却するケーススタディーを考えよう。

Aさんは、B社株を長年持ち続けていたが、今売却を検討中だ。Aさんは大けがをし、早急に手術しなければならなくなった。結構な額の手術費が必要なので、ついに売却に踏み切ったわけだ。

Aさんによれば、B社株は、ずっと持ち続ければ、100万円相当の価値がある。しかし今は贅沢は言ってられない。50万円以上で売却できればよしとしよう。

ではこれから、2つの売却方法を紹介する。1つは封印入札による売却、もう1つは、既存の証券取引所での売却だ。

バッチオークション

Aさんは、封印入札の代表格である「一位価格入札」によって、B社株を売却するとしよう。なお、金融取引において、コールオークション（call auction）とか、バッチオークション（batch auction）などと呼ばれているルールは、おおよそ、ここでの封印入札に対応していると考えてよい。

Aさんは入札者を募集する。集まった入札者には、指値を紙に書いて封印して、Aさんに提出してもらう。

Aさん自身も、指値を書いて封印して、入札者と同じように、自分自身に提出する。全員が提出し終えるや、全封筒を一斉に開封する。

一番高い指値を書いた入札者に、AさんのB社株が落札される。この際、落札価格は、落札者自身の指値、つまり「一位価格（提出された指値の最高額）」に設定される。なお、落札者がAさん自身である場合は取引不成立になる。

数値例を使って、もっとよく状況を確認しよう。参加者は、入札者1、入札者2、入札者3の3名とする。そして、各々60万円、110万円、70万円を指値する。Aさんは、50万円未満では売りたくないので、50万円を指値する。その結果、最高指値をした入札者2にAさんのB社株が落札されることになる。そして、入札者2は、自身の指値である110万円をAさんに支払う。

どうやら、Aさんは、50万円を大きく上回る売却益を得られそうだ。だから、一位価格入札によって、Aさんは上手に売却できると考えてよかろう。

連続時間取引

次に、証券取引所でB社株を売却することを考えよう。現行のルールは、「連続時間取引（continuous time trading）」と呼ばれる方式だ。現時点で、B社株には、買い注文も売り注文も一切出ていないとしよう。そして、仮に、Aさんは、B社株を50万円で売るとする指値注文（limit order）を出すとしよう。ならば、先ほど登場した入札者1、2、3（ここではトレーダー1、2、3と呼ぼう）はすみやかに買い注文を出すに違いない。なぜなら、彼らはいずれも50万円以上で購入する意思があるからだ。連続時間取引では、最初に取引所に届いた買い注文と売買を成立させる（約定させる）、つまり「早い者勝ち」のルールによって取引が決まる。そして、取引価格は、先に注文を出していたAさんの売り指値、50万円に定められる。

このルールでは、Aさんは、最低ラインの50万円しか稼ぐことができない。だから、Aさんには、もう少しかしこく注文の出し方を工夫する必要がありそうである。

Aさんにとって、いきなり最低ラインの50万円を指値するのは得策でない。連続時間取引では、いつでも注文をキャンセルしたり、変更したりできるようになっているからだ。あわてて低い指値をする必要はまったくない。まず高めに指値注文を出しておいて、買い手がつかないとなれば、徐々に値を下げていけばいいのだ。

今度は、かなり高い指値、例えば200万円の売り注文を出すことからスタートさせよう。買い手がつかなければ、徐々に190万、180万と指値注文を下げていけばいい。

これは、いわゆる「せり下げ」と同じような仕方だ。せり下げは、オランダはアールスメールのフラワーオークションや、大田区大田市場でもおなじみの入札ルールである。高い値から下げていって、最初に挙手した人に落札される方式のことだ。

Aさんは、連続時間取引を利用することで、こんな、花卉のオークションのような、公開型入札、つまり「せり下げオークション」を、自ら演出することができる。そして、我々は、せり下げオークションには、一位価格入札と限りなく同じくらいに、良いパフォーマンスを期待していい。

Aさんは徐々に指値を下げていく。そして、110万円まで指値を下げた時に、トレーダー2が（トレーダー2のみが）買い注文を出してくることになる。だから、トレーダー2と110万円で約定できることになる。

どうやらAさんは、証券取引所でも、封印入札同様、満足のいく売却ができそうである。

ここまでの説明では、現行の証券取引ルールにはなんら問題などないように思われよう。しかし実は、以下に説明されるように、連続時間取引が「早い者勝ち」という原理で動いていることに、議論するべき問題の所在がある。

ピックオフ

Aさんによる「せり下げ」のように、連続時間取引において演出される公開型入札には、以下に示されるような、無視できない欠点がある。

Aさんは、時間を通じて、売り注文を徐々に下げていく。しかし、その途中で、想定外の公共情報（みんなに知れわたる外部情報）が舞い込んだとしよう。その情報の内容は、「Bの企業価値は予想されたより高い」という好材料だとしよう。例えば、別の証券取引所でB株が200万円で売れたとか、B社に関連する会社の株が高値で売れたとか、そういったたぐいのニュースが公に流れて、B社株の相場（quote）は思っていたより高いと知ったとしよう。

そして、この情報が舞い込んできたタイミングは、Aさんが指値を、ちょうど110万円近くまで下げた時点だったとしよう。

Aさんは、この情報を聞きつけるや、それならば110万円近くまで下げた指値をいったんキャンセルして、もっと高い指値、例えば150万円の売り注文に差し替えても、今度は買い手がつくに相違ない、と判断するのが筋である。この情報が舞込む前には150万円では買い手がつかなかった。しかし、今はこの公共情報の効果のため、事情が変わったはずだ。

ところが、もう後の祭りなのである。というのも、Aさんがちょっとぼやぼやしている間に、110万（プラスアルファ）円ですでに売れてしまっていたのだ。この買い手は、すぐ後でもっと高値で売れると見込んで、素早く注文を出したに相違ない。

連続時間取引は、こんな「早い者勝ち」が原理原則である。「待った」はゆるされないしくみだ。だから、こうなってしまっては、Aさんは、もうあきらめるしかない。

一方、封印入札の場合には、このような後悔は決して起こらない。Aさんは、相も変わらず呑気に、50万円の指値のままでなんら問題なしだ。むしろこの公共情報のおかげで、3人の入札者はもっと高い指値で競い合うだろうから、自ずと落札価格の高騰が期待できるという寸法だ。

だから、問題の所在は、このような「早い者勝ちレース」が、昨今の証券取引において、深刻な仕方で横行している点にある。それは、「ピックオフ（牽制アウト）」とか「スナイプ（狙撃）」とか、いろいろに呼ばれている。ピックオフがあると、既存の証券取引所よりも、一位価格入札の方が良い、という結論になるのだ。

フラッシュウォーズ

リクイディティー・プロバイダーとフラッシュボーイ

この深刻さをもっと理解するために、今度は少し別の取引の状況を考えよう。これから以降の説明では、売り注文を出しているのは、Aさんでなく、ビジネスをグローバルに展開する大手証券会社、H証券としよう。

H証券は、B社株について、取引所から、「リクイディティー・プロバイダー（流動性供給者）」に指定されている。リクイディティー・プロバイダーとは、特定銘柄（ここではB社株）について、売り注文、買い注文、あるいはその両方を、相場に即して随時出し続けている金融機関のことである。

他に注文がない状況でも、指値を率先して出している。そうすることで、商いの少ない銘柄でも一般のトレーダーは相場を知ることができる。リクイディティー・プロバイダーは、公共的な便宜のために、たえず注文を出しておくことによって、一般の投資家に相場観についての情報提供をしているという、大事な役目なのだ。

先のケーススタディーでは、Aさんが注文を出す時点で、B社株には売り注文も買い注文も出ていなかった。しかし、H証券は、このような状況でも、100万円で注文を出しておくなどして、積極的に流動性確保に努めているのだ。

しかし、取引円滑化に貢献するリクイディティー・プロバイダーの、このような指値注文は、高頻度取引業者、あるいは「フラッシュボーイ（HFTトレーダー）」と呼ばれる金融業界のスナイパーたちの格好の餌食になってしまう。ここに、この闇の深さがある。

例えば、H証券が100万円の売り注文を出しているとしよう。100万円は、現時点でのB社株の相場である。しかし、突然、好材料の公共情報が入ってきて、相場は100万円から120万円に跳ね上がった。この情報は、H証券のみならず、トレーダー1、2、3の耳にも届いている。ならば、H証券は、古い相場（100万円）での売り注文をキャンセルして、新しい相場（120万円）での売り注文に差し替えることを、急いでしなければいけない。

しかし、まばたきしている隙に、H証券のB社株は、古い相場100万円でフラッシュボーイに買い取られてしまうのだ。フラッシュボーイは、公共情報が入るや否や、先回りして、H証券の注文キャンセルが取引所に届くより先に、古い相場での指値100万円のままH証券から購入してしまい、それを新しい相場120万円で売却して、20万円の利ざやを稼ぐのだ。

こうして、リクイディティー・プロバイダーであるH証券は、フラッシュボーイによるピックオフの餌食になるリスクを負うことになる。こんなピックオフを防げないと、H証券は、相場変更のたびに損失を繰り返す羽目になる。これでは、放っておけば積もり積もって、H証券の顧客に大きな損失をもたらしかねないのだ。

早い者勝ちレース

ならば、H証券の注文変更が、フラッシュボーイの買い注文よりも早く取引所に届くようにすればいいではないか。つまり、H証券が、他よりも早く反応できるアルゴリズムと通信経路をもてば、このような心配ごとから解放されるのではないか。しかし、脚光を浴びているフラッシュボーイは、高速アルゴリズムと高速通信に活路を見出すトレーダーである。だから、彼らに「早い者勝ちレース」で勝つことは至難の業だ。

例えば、フラッシュボーイの人数を10とし、仮に、H証券とフラッシュボーイの通信速度は互角としよう。この場合、H証券が早い者勝ちレースに勝つ確率は11分の1である。つまり、残りの確率11分の10で、利ざや20万円をフラッシュボーイの誰かに奪われてしまうのだ。

さらに、フラッシュボーイの人数が多ければ、相場変動があるたび、ほぼ確実に、この連中に利ざやを奪われよう。これではH証券は、リクイディティー・プロバイダーなど、怖くてやっていられない。このままでは、証券取引所はいずれ、流動性の低い、不活発な市場へ落ちぶれかねない。

フラッシュウォーズ

2014年、その名も『フラッシュ・ボーイズ』というノンフィクションが、ピケティの本と時を同じくして、世界中でベストセラーになっていた。[*3] 私がHFTのトレーダーをフラッシュボーイと呼んでいるのも、この本の受け売りだ。

その冒頭では、ある電話会社が法外な費用をかけて、シカゴとニューヨークを「直線」で結ぶトンネルを秘密裏に貫通させた、というエピソードが紹介されている。このトンネルに光ファイバーケーブルを最短距離で通せば、シカゴとニューヨークの証券取引所を最速で通信できる。これは、1億分の1秒でも早く通信できるようにして、ピックオフの勝者になることを確実にしたいという、トレーダーの欲求に応えるものだ。

たとえば、ピックオフの全収益機会を101億円として、ピックオフに参戦するHFTトレーダーが10人いるとしよう。そして、ある電話会社が、99億円を投じて、最高速通信を開拓して、各トレーダーに、「10億円払えばこの高速通信の利用を許可する」と契約をもちかけたとしよう。

全トレーダーが契約するならば、電話会社は100億円を稼ぐことができ、工事費を差し引いて、1億円の黒字になる。一方、1人でも契約しないとなれば、収入はせいぜい90億円だから、9億円以上の赤字になってしまう。

しかし、この電話会社は、トレーダーのインセンティブを考えれば、彼らは「フラッシュウォーズ（消耗戦）」に巻き込まれるだろうから、結局全員が必ず契約するはめになる、と予想するのだ。つまり、他のトレーダーが1人でも契約するならば、より遅い自分には、早い者勝ちレースでの勝ち目が一切なくなってしまう。しかし、自分も契約すれば、自分を凌駕するトレーダーはいなくなるので、少なくとも確率10分の1では勝利できる。

つまり、期待収益は10億1000万円以上になるので、これは利用料10億円より高い。まして、他の誰も契約しないのなら、確実に100億円を独り占めできるから、これは大儲けになる。

というわけで、各トレーダーにとって、電話会社と契約することは「優位戦略（他の競争相手がどのような戦略をしようとも、常にベストな戦略のこと）」になっている。

こうして、全員が契約することで、この電話会社は、99億円という法外な設備投資を全額回収できてあまりある、ということになる。こうして、フラッシュボーイがくすねとる101億円の大半は、シカゴとニューヨークの直線トンネルのような、まったくもって非生産的な設備投資の回収にどんどんつぎ込まれていくことになる。

というわけで、我々は今や、こんなばかげたゲームのルールを変えなければいけない局面に立っている。

フラッシュ・マーケットデザイン

早いもの勝ちから遅刻厳禁へ

フラッシュウォーズに終止符を打つ手はないのか。それは、実は、いたって簡単だ。「連続時間取引」をやめてしまえばいいのだ。つまり、早い者勝ちで連続的に約定するのをやめて、連続時間を一定間隔で区切って、「断続的」に取引を約定させるルールに代えようではないか。

断続的な「取引タイム」の合間には、自由に売り注文と買い注文を出し入れしてよい。取引タイムにおいて出されている注文のみが有効である。どの注文がより早かったかどうかは不問である。そして、次の取引タイムが訪れるまで、どんな注文が出されたかは、一切非公開とする。

こうすれば、H証券は、一定時間間隔内に売り注文をキャンセルしさえすれば、フラッシュボーイの餌食にならずに済むことになる。まずは一件落着だ。ただし、本当にぼやぼやしていてキャンセルするのを忘れてしまったならば、それは自業自得というものだ。

このような「断続時間取引」は、早い者勝ちを徹底排除する代わりに、徹底した「遅刻厳禁」を課すことによって、約定を極力スムースに、極力連続に近い仕方で、遂行していくルールなのだ。

しかし、このように時間間隔をおいてしまっては、やはり取引のスピードに支障をきたし、市場効率性に悪影響が出るのではなかろうか。

いえいえ、たぶん心配ご無用だろう。もしお望みなら、時間間隔を、100分の1秒（まばたきの速さ）にまで短く設定することもできるはずだ。我々にとって忌み嫌うべきは、高速度や高頻度そのものではない。まったくそうでない。悪いのは、排除したいのは、それを使って「早い者勝ちレース」が仕掛けられること、そのレースに費やされる無駄な設備投資、それだけだ。

フラッシュボーイの「早いもの勝ちレース」は、1000分の1秒を競う、我々の感覚では手に負えない別次元のアスリート競技だ。しかし、バディッシュたちによるミリ秒単位の取引データによれば、この極端な高速レースは、むしろ人工的に利ざや取りのチャンスを生み出しているだけという有様のようだ。[*4] 極端な高速取引は、彼らのレースのせいで、市場効率性にはあまり寄与していないらしい。

こうして、連続に近い断続時間取引を採用すれば、高速度高頻度を維持しつつ、早い者勝ちがもたらすデメリットをきれいに駆除できる。

バディッシュたちは、さらに具体的に踏み込んで、取引タイムにおいては、ケーススタディーで紹介したような「バッチオークション（封印入札）」を導入するべきであると主張する。[*5] そして、具体的、実践的な取引ルールとして、「高頻度バッチオークション（frequent batch auction）」を提案した。

高頻度バッチオークション

それは、時間間隔を十分短く設定した上で、取引タイムごとに、その直前までに集まった売り注文と買い注文を各々まとめて、供給曲線と需要曲線を描いて、その交点、つまり需給均衡価格で一律に約定させるやり方だ。複数の売り手と買い手の需給をすり合わせるこのようなやり方は「ダブルオークション」と呼ばれる。バディッシュたちが念頭に置いているバッチオークションは、ダブルオークションの代表例である。みなさんには、ダブルオークションとは、一位価格入札や二位価格入札といった、おなじみの封印入札の拡張形、とだけ理解されれば、とりあえずはよい。

高頻度バッチオークションを導入すれば、Aさんが餌食にされていたケースも排除できることになる。連続取引から断続取引に移行するとはいえ、瞬きする速さの時間間隔であるならば、生身のAさんの後悔の慰めにはならないだろう。しかし、バッチオークションが導入されるのであれば、Aさんは、最初から最低ラインの売り指値を出しておけばいいことになる。封印入札のもつアドバンテージを、Aさんは享受できるようになるわけだ。

結論として、こんな高頻度バッチオークションは、H証券にもAさんにも優しい、庶民の立場に立ったメカニズムデザインと言っていいだろう。

メカニズムデザインの本質

解説した「フラッシュ」メカニズムデザインは、早い者勝ちという「フェイク」競争原理を徹底排除することで、まともに機能する市場を創ることに主眼をおいたものだ。これに関連する分野として、例えば、「マッチング・マーケットデザイン」がある。オークションとは異なり、金銭のやり取りを伴わない配分をどうするかを検討する、実践的な人気分野だ。

これは一昔のアメリカでの話だが、労働市場が不完全なため、研修医候補の医学生をめぐって、複数の病院が「青田買い」競争をする事態が深刻化した。最悪のシナリオは、専門分野もまだ定まらないような早いタイミングで、就職内定が加速化していく事態である。これでは、医学生が本当にふさわしい専門を見つけるのに、支障をきたしてしまう。

そこで、アメリカの医師会は、青田買いを全面禁止し、卒業時に合わせて、全卒業生、全病院が一堂に会して、希望を提出させ、「受け入れ保留アルゴリズム（differed acceptance algorithms）」と呼ばれるマッチング・アルゴリズムに従って、一気に決着させるという規則を制定した。[*6] 受け入れ保留アルゴリズムは、仮にある病院と卒業生が契約していても、あとから別の卒業生が名乗りを上げた場合に、病院は契約をキャンセルして、この別の卒業生と契約しなおすことができるとするルールである。これは、メカニズムデザインが、早い者勝ちを排除することで、より良い市場を創った好例である。

しかし、証券取引の問題に直面している我々がこの例から本当に学ぶべきことは、「メカニズムデザイン（制度設計）する」ということの、もっと「本質」的な意味についてだ。つまりそれは、青田買いをしたら罰金を課す、とかいった程度の姑息な治療だけでなく、問題の所在を突き止め、その根本原因を取り除く、本格的な社会のしくみの「治療」をおこなうことによって、新しい研修医マッチング制度を樹立させたことだ。

現行の証券取引のルールでは、連続時間取引が、隙あらば、トレーダーをおかしな行動にかりたてる「早い者勝ちレース」をつくり出すしくみになっている。ならば、「高頻度バッチオークション」のような、根本原因そのものを取り除くような抜本的改革について、今後現場において本格的に討議されることが望まれる。

第11章 繰り返しゲームと感情

囚人のジレンマと繰り返しゲーム

経済が繁栄するためには、利害対立が当事者自らの創意工夫によって克服されなければならない。そのための有効な方法のひとつは、当事者同士が長期的関係を築くことである。長期的関係が築かれていると、当事者同士が、利害対立を自ら克服して、お互いに協調的な行動をとり続ける可能性が出てくる。ゲーム理論は、このことを、「繰り返しゲーム」として定式化して、長い月日をかけて分析してきた。

繰り返しゲームのことは、第2章キュレーション2においてすでに紹介している。本章は、繰り返しゲームをさらに深く探究するのだ。だから、本章は他の章よりやや専門的である。繰り返しゲーム理論を学習するという「山登り」をしないといけない。しかし、山の頂上が見えそうになった途端に、谷底に突き落とされてしまうのだ。なぜなら、理論と実験結果の間に齟齬が生じているのを発見するからである。

ゲーム理論家の本当のチャレンジはここから始まると私は考える。想定外の実験結果を目の当たりにして、既存の理論仮説を練り直し、新しい仮説を思いつこうではないか。そのため、プレーヤーの合理性だけでなく、切れば血の出るような生身の「感情」をも、ゲームの理論の中に取り入れようではないか。

長期的関係が成立すると、現実の経済主体は、過去にどのようなふるまいをしてきたかについての履歴を気にするようになる。履歴を見ると、経済主体は、怒ったり、感謝したりといったさまざまな感情を抱くことになる。このような感情は、これからの行動パターンに影響を与えるはずだ。

本章では、繰り返しゲームがこんな感情とどのようにかかわるかを、理論と実験のフィードバックを通じて明らかにする。こうして、繰り返しゲーム研究は、経済学から社会理論へと進化していくのだ。だから、このチャレンジは、とかく反動的になりがちなゲーム理論家にとっては、ずいぶん破天荒に聞こえるようだ。しかし、こっちの方が圧倒的に魅力的なのである。

長い付き合いでジレンマ回避

利害対立を示すゲームの代表格は「囚人のジレンマ」と呼ばれる2人ゲームだ。囚人のジレンマは、自分にとって得になる行動は相手にとって大きな損になる、典型的な「外部性」経済である。図11―1に示されるプレーヤー1とプレーヤー2の囚人のジレンマの例を考えよう。

		プレーヤー2 協力		プレーヤー2 非協力	
プレーヤー1	協力	20－10＝10	20－10＝10	－10	20
	非協力	20	－10	0	0

図11—1：囚人のジレンマ

各プレーヤーは「協力」か「非協力」かのどちらかを選択する。図11－1における左側の「協力」と「非協力」はプレーヤー1の行動選択、上側の「協力」と「非協力」はプレーヤー2の行動選択を示している。4つのマス目の左側の値はプレーヤー1の利得、右側の値はプレーヤー2の利得を示している。（単位を「円」としよう。）

例えば、プレーヤー1が「協力」、プレーヤー2が「非協力」を選択した場合、プレーヤー1とプレーヤー2の利得は右上のマス目に書かれていて、各々マイナス10（円）と20（円）である。このことを図11－1を見てよく確認されたい。

さらに図11－1をよく見ると、どちらのプレーヤーにとっても、「協力」を選択するとコスト10（円）が自身にかかるが、相手には20（円）の便益を与えることが確認できよう。お互い「協力」を選択すれば、達成される配分は社会的に最適になる。しかし、「協力」を選択すると本人にはコストが発生するだけである。よって、「非協力」を選択するのが、相手の選択に関係なく、個人的には最適になる。（ゲーム理論の用語では、「優位戦略」になっているという。）ならば、両プレーヤーともに「非協力」を選択することが唯一のナッシュ均衡になる。つまり、囚人のジレンマでは、協調関係（「協力」、「協力」）はナッシュ均衡にならないのだ。

しかし、長期的関係となれば話は別である。この2人は、毎日図11－1の囚人のジレンマを繰返しプレイするとしよう。例えば、各プレーヤーは、もし今日「協力」を選択するなら、相手は明日以降も「協力」を選択してくれる（アメ）が、今日「非協力」を選択すると明日以降「非協力」で報復してくる（ムチ）、と予想するとしよう。これなら、明日以降の報復を恐れ、「協力」をずっと選択しよう、ということになりそうである。

トリガー戦略

「トリガー（引き金）戦略」は、こんな「アメとムチ」を端的に示す行動パターンだ。つまり、トリガー戦略においては、最初の期には（「協力」、「協力」）を選択する。以降、お互いに、（「協力」、「協力」）をプレイし続ける限りにおいて、「協力」を選択し続ける。しかし、どちらかが一度でも「非協力」を選択すれば、2人ともに次期以降ずっと「非協力」を選択する。このような行動パターンの戦略のことを「トリガー（引き金）戦略」というのである。

まるで、どちらかが「非協力」を選択する有事に備えて、銃の引き金を引いてずっと待機しているような感じの戦略だ。こんなトリガー戦略を2人ともプレイすれば、どちらも率先して「非協力」を選択したがらないから、協力関係（「協力」、「協力」）がずっと維持されることになる。

トリガー戦略のプロファイル（組み合わせ）は、将来利得をあまり割り引かない（つまり割引ファクターが1に近い）、長期的視野に立つプレーヤーにとっては、自己実現的になる、つまりナッシュ均衡になる。普通の人なら、今日の1000円と明日の1000円とでは少し価値が違うと考えるだろう。明日の1000円は、今日の1000円よりいくぶん価値が低いと考えるだろう。今日の1000円は今日使ってしまうこともできるし、明日以降にとって置くこともできるからだ。例えば、割引ファクターが10分の9ならば、明日の1000円は今日の900円に相当する。

もっとも、1000円を大事にとっておいて、長期にわたって有意義に使いたいと思っている人にとっては、今日の1000円と明日の1000円の価値にはさほど差はない。このような人を「長期的視野に立つプレーヤー」と呼ぶのである。このようなプレーヤーの割引ファクターは1に近いことになる。十分に長期的な視野に立つプレーヤー同士であれば、トリガー戦略プロファイルはナッシュ均衡になるのである。

より正確には、トリガー戦略プロファイルは、ナッシュ均衡よりもっと厳密な意味で自己実現的になる。つまり、長期的関係の途中からでも、過去にどのような選択の履歴があろうとも、常に自己実現的になる。言いかえると、繰り返しゲームの任意の時点から先のゲーム（これを「部分ゲーム」という）において、常にナッシュ均衡の性質が成立している。

このように、タイミングや履歴にかかわらず、常に自己実現性をみたす戦略プロファイルのことを、「部分ゲーム完全ナッシュ均衡（subgame perfect Nash equilibrium）」と呼ぶ。トリガー戦略プロファイルは、長期的視野に立つプレーヤーたちにとっては、部分ゲーム完全ナッシュ均衡になっているのである。以降、部分ゲーム完全ナッシュ均衡のことを、単に「均衡」と呼ぶとしよう。

さて、今日「協力」を選択せずに「非協力」を選択するなら、費用10を節約できる。しかし、トリガー戦略プロファイルにおいては、明日以降は（「協力」、「協力」）でなく（「非協力」、「非協力」）を選択し続けるはめになる。（（「非協力」、「非協力」）を繰り返しプレイすることは、ナッシュ均衡になっている。）

本来であれば、明日以降毎期（「協力」、「協力」）がもたらす利得10を享受できたはずなのに、（「非協力」、「非協力」）がもたらす利得ゼロ、つまり費用10は負担しないが相手から20の施しもないという状況にスイッチしてしまう。これは損だから、トリガー戦略を守り続けるのである。こうしてトリガー戦略プロファイルは均衡になる。もっと正確な説明はコラム11－1に譲るとしよう。

さて、プレーヤーが長期的か近視眼的かに関係なく、（「非協力」、「非協力」）を継続的に繰り返すことも、繰り返しゲームの均衡になる。実のところ、プレーヤーが十分に長期的である場合には、均衡は非常にたくさん存在するのである。しかもその各々は、性質の異なる配分なり行動パターンなりを達成する。

フォーク定理

このことを、もう少し詳しく見ていこう。トリガー戦略プロファイルでは、任意の時点からスタプレーヤーは、今期のみならず将来利得をも考慮して「協力」か「非協力」かを決める。将来利得は今期の利得よりも少し割り引いて考慮される。将来利得は、割引ファクター $\delta \in [0,1)$ で割り引いて評価される。「協力」のかわりに「非協力」を選択すると、次期は 10δ、その次の期は $10\delta^2$、3 期後は $10\delta^3$ といった具合に将来損失が評価される。そのため、合計

$$10(\delta+\delta^2+\delta^3+\cdots)=\frac{10\delta}{1-\delta}$$

が将来損失全体にあたる。この将来損失 $\frac{10\delta}{1-\delta}$ は、割引ファクター δ が 1 に近いならばいくらでも大きな値になることに注目されたい。

将来損失 $\frac{10\delta}{1-\delta}$ が今期「非協力」を選択することによる利益（費用節約分）10 を上回るならば、「協力」を選択し続けることが得になる。不等式

$$10 \leqq \frac{10\delta}{1-\delta}\text{、つまり}\quad \delta \geqq \frac{1}{2}\text{、}$$

したがって、割引ファクター δ が 2 分の 1 以上ならば、トリガー戦略プロファイルは均衡になり、協力関係（「協力」、「協力」）を継続的に実現することができる。

コラム 11—1：トリガー戦略プロファイルが均衡になるケース

ートする戦略プロファイルが、履歴に応じて、トリガー戦略プロファイルになったり、(「非協力」、「非協力」) の繰り返しになったりしている。トリガー戦略プロファイルも、(「非協力」、「非協力」) の繰り返しも、ともに均衡である。このことが、アメとムチが本当に実行されることを保証するのである。

どの期からスタートしても、繰り返しゲームの部分ゲームは元の繰り返しゲームと同じモデルのゲームになっている。だから、均衡全体の集合も同じである。どの期からスタートしても、無限に囚人のジレンマを繰り返し、しかも将来利得を共通の割引ファクターで割り引いていることに変わりない。同じ数学的形式の繰り返しゲームをプレイしていることに変わりない。これはまるで金太郎飴の断面図のようである。

しかし、普通の金太郎飴と違うのは、各期にカットされた飴の断面には、いっぱい金太郎の顔があって、過去の履歴に応じてどれかの顔につながっている点だ。こうすることによって、アメとムチのパターンを自在に作り出して、自在に繰り返しゲームの均衡を作り出すことができる。繰り返しゲームの均衡のもつこの重要な性質は、「自己生成 (self-generation)」と呼ばれている。[*1]

自己生成という性質のため、割引ファクターが1に近い、長期的な視野に立つプレーヤー同士の場合、均衡によって達成できる範囲は非常に広くなる。このことは、数学的に証明することができる。これは、囚人のジレンマに限らず、広範囲のゲーム一般についても成立する。

この性質は、ゲーム理論の仲間内では、「フォーク定理」と呼ばれている。これは、繰り返しゲームにおいては、多種多様な配分や行動パターンが均衡として成立する、という意味内容の定理である。この性質が広範囲のゲームについて成立することは、ずいぶん古くから推測されていたが、満足のいく証明は、フューデンバーグらによる比較的近年の論文によってなされた。[*2]

しっぺ返し戦略

トリガー戦略以外に、繰り返しゲームの戦略として非常にポピュラーなのは、「しっぺ返し（tit-for-tat）」戦略である。

しっぺ返し戦略では、直前の期に相手が「協力」を選択したならば今期は「協力」、直前の期に相手が「非協力」を選択したならば今期は「非協力」といった具合に、直前の期における相手の選択のまねをする。こうすることで、相手の選択の履歴と自分の履歴を似た状態に保っていく。だから、しっぺ返し戦略をプレイすれば、相手がどのような戦略をとろうとも、相対的に大損する、あるいは大負けすることにはならない。そのため、しっぺ返し戦略は、任意の戦略と総当たり戦をしてみると結構上位の成績を収めるらしい。[*3] このような理由から、しっぺ返し戦略は、必勝戦略の代名詞のように言われてきた。

しかしながら、しっぺ返し戦略プロファイルはめったに均衡にならないので要注意だ。しっぺ返し戦略をプレイすると仮定しよう。ならば、相手が直前の期に「協力」を選択したならば、あなたは今期「協力」を選択する、つまり今期には費用10を負担しないといけない。そうしなければ、次期には、相手のしっぺ返しをくらうので（「協力」をとってくれないので）、20に割引ファクターをかけた値分だけ損することになる。よって、その値が10以上であれば、つまり割引ファクターが2分の1以上であれば、あなたは「協力」をとるインセンティブをもつことになる。

逆に、相手が直前の期に「非協力」を選択したならば、今期「非協力」で報復しないといけないが、ならば次期には相手にしっぺ返しを受けるので、今度は逆の不等式が成立していないといけない。つまり割引ファクターが2分の1以下でないと、あなたは「非協力」をとるインセンティブをもたない。

以上より、しっぺ返し戦略プロファイルが均衡になるための必要かつ十分な条件は、割引ファクターがちょうど2分の1に等しいことである。割引ファクターが2分の1より高いと、つまりもっと長期的視野に立つプレーヤーだと、しっぺ返しの報復が強すぎると感じて、「非協力」をとりたがらない。逆に、2分の1より低いと、報復が弱すぎると感じて、「協力」をとりたがらない。だから、割引ファクターがちょうど2分の1でない限り、しっぺ返し戦略プロファイルは均衡にならない。つまり、しっぺ返し戦略プロファイルはめったに均衡にならない。

しっぺ返し戦略プロファイルを均衡として扱うことができない。ならば、しっぺ返し戦略の概念を少し拡張して、均衡分析に都合がいいように、以下のような「寛容なしっぺがえし（generous tit-for-tat）」戦略を考えてみよう。

寛容なしっぺ返し

寛容なしっぺ返し戦略では、相手が「協力」ならば確率rでランダムに「協力」をとる。相手が「非協力」ならば確率kでランダムに「協力」をとる。rが1、kがゼロであれば、これはしっぺ返し戦略そのものだ。寛容なしっぺ返し戦略は、ランダムな選択を考慮することによってしっぺ返し戦略を拡張した概念なのである。

rがkより大きければ、相手には少なからず報復を与えることになる。つまり、「非協力」をとれば、費用10を節約できるが、次期に相手が「協力」をとる確率はrとkの差分だけ下がることになり損である。

コラム11－2をご覧いただきたい。コラム11－2は、割引ファクターが2分の1以上のとき、rとkの差をある値に設定してやれば、寛容なしっぺ返し戦略プロファイルが均衡になることを示している。さらに、rを1に設定すれば、(「協力」、「協力」)を継続的に選択する協調関係が成立する。つまり、2分の1以上の任意の割引ファクターについては、協調関係を継続させる寛容なしっぺ返し戦略プロファイルが存在して、それは均衡になるのである。めでたし、めでたしである。

今期「非協力」をとると費用10を節約できる。しかし、次期に相手が「協力」をとる確率はrとkの差分だけ下がる。つまり、期待値として

$$10\delta(r-k)$$

円分だけ損する。

寛容なしっぺ返し戦略プロファイルが均衡になるためには、プレーヤーにとって「協力」と「非協力」が無差別にならないといけない。だから、

$$20\delta(r-k)=10、つまり\quad r-k=\frac{1}{2\delta}$$

となるように確率差$r-k$が設定されれば、「協力」と「非協力」が無差別になり、寛容なしっぺ返し戦略プロファイルが均衡になる。さらに、$r=1$、$k=\frac{2\delta-1}{2\delta}$とおけば、プレーヤーは（「協力」、「協力」）を、均衡として、恒常的に選択できることになる。

$r-k$は、確率の差であるから、1以下でないといけない。$\delta\geqq\frac{1}{2}$であれば、$\frac{1}{2\delta}$は1以下になる。だから、この場合には、$r=1$、$k=\frac{2\delta-1}{2\delta}$と設定された寛容なしっぺ返し戦略プロファイルが存在し、均衡になり、（「協力」、「協力」）が継続的に選択される。

コラム11—2：寛容なしっぺ返し戦略プロファイルが均衡になるケース

相手の行動をモニターする

トリガー戦略や寛容なしっぺ返しなどを使って、長期的に協調関係が維持されるためには、相手の選択が観察できることが必要不可欠である。

不完全モニタリング

この前提をみたす状況のことを「完全モニタリング」という。逆に、まったく観察できないとなれば、アメとムチはまったく使えないので、協調関係はまったくもって実現できない。

しかし、相手の選択が直接観察できなくても、相手の選択に関連する何らかのシグナルが観察できる場合には（この状況を「不完全モニタリング」という）、寛容なしっぺ返し戦略プロファイルは、不完全ながらもある程度協調を達成する均衡になり得る。[*4]

プレーヤーは相手の選択を直接観察できない。このことは、現実の長期的関係においてはたびたび生じる事態だ。ならば、直接観察はできないけれども、相手の選択に関係するシグナル、「シグナルG（Good）」あるいは「シグナルB（Bad）」のどちらかが観察されるとしよう。直接は無理だが間接的な観察ならできるというわけだ。これなら、現実的にも十分考えられる状況設定である。ただしシグナルには、以下のように、ノイズがついているのだから、要注意だ。

相手が「協力」を選択した場合、シグナルGが確率90％で観察され、シグナルBが確率10％で観察される。逆に、相手が「非協力」を選択した場合、シグナルBが確率90％で観察され、シグナルすればBが観察されやすいことになる。

寛容なしっぺ返し戦略を、「シグナルGを観察したならば確率rで「協力」を選択し、シグナルBを観察したならば確率kで「協力」を選択する」とする戦略と定義しよう。そして、rはkより大きいとしよう。

コラム11―3をご覧いただきたい。コラム11―3では、rは、ある決まった値だけ、kよりも高く設定されている。このように設定されると、不完全モニタリングにおいても寛容なしっぺ返し戦略プロファイルは均衡になるのだ。そして、モニタリングの精度を意味する確率（先の例では90%）が1に近い、つまり完全モニタリングに近い状況であれば、ほぼ確実に「協力」が選択され続けることになる。

しかし、不完全モニタリングである以上、「協力」をとっても相手にはBが観察されることが起こり得る。そのため、次期に相手に「非協力」を選択されるという事態が起こることはさけられない。だから、不完全モニタリングにおいては、確実に「協力」が選択され続ける、というわけにいかない。にもかかわらず、確実ではないにせよ、長期的に「協力」をとる関係が途絶えることなく期待できる、という意味においては、不完全なモニタリングにおいてもある程度良い協調関係が期待できると言っていい。

モニタリングの精度を表す確率を p とする。「非協力」をとれば、費用 10 を節約できる。しかし、次期に相手が「協力」をとる確率、つまり 20 円もらえる確率が、$rp+k(1-p)$ から $r(1-p)+kp$ に、つまり確率差 $(2p-1)(r-k)$ だけ下がってしまう。そのため、期待値として

$$20\delta(2p-1)(r-k)$$

円分損してしまう。「協力」と「非協力」が無差別でないといけないから

$$20\delta(2p-1)(r-k)=10,$$

つまり、

$$r-k=\frac{1}{2\delta(2p-1)}$$

となるように、確率差 $r-k$ が設定されなければならない。このように設定されれば、寛容なしっぺ返し戦略プロファイルは、不完全モニタリングにおいても、均衡になる。

$r-k$ は 1 以下でないといけないから、$\frac{1}{2\delta(2p-1)}$ も 1 以下でないといけない。モニタリングの精度を表す確率値 p が十分大きいならば、つまり、

$$p>\frac{2\delta-1}{4\delta}$$

をみたすならば、長期にわたって、頻繁に「協力」が選択されることになる。

コラム 11—3：不完全モニタリングにおいても寛容なしっぺ返し戦略プロファイルが均衡になるケース

均衡における報復の強さをあらわすrとkの差の設定値は、モニタリングの精度がよくなるにつれ小さくなるようになっている。これは、精度がよければ報復も弱くていい、弱い報復でも精度がいいから十分効果的である、ということを意味している。

モニタリングの精度と報復の強さとの関係

もう少し詳しく述べるならば、報復がもっと強く設定されるならば、相手を報復するため「非協力」をとるインセンティブがなくなってしまう。報復すれば今度は相手に強く報復されることになる。これを嫌うため、インセンティブに支障をきたすのである。逆に、報復がもっと弱く設定されるならば、今度は「協力」をとるインセンティブがなくなってしまう。だから、「協力」と「非協力」についてのインセンティブを両立させる、つまり「協力」と「非協力」を無差別に保つため、rとkの差を特定の値に設定しないといけないのである。そしてその値はモニタリングの精度がよくなるほど小さくなるのである。

このことは、繰り返しゲームにおける行動パターンについての大事な性質を示唆する。つまり、均衡をプレイする合理的なプレーヤーは、モニタリングの精度が高ければ、報復を弱くして、効率性のロスをうまく節約している。こうして、均衡における報復の強さをあらわすrとkの差がモニタリングの精度がよくなるほど小さくなることが、良い協調を保つ秘訣になっている。

モニタリングが不完全であれば、寛容なしっぺ返し戦略均衡では、非協力的な関係が定期的に起こる。ならば、寛容なしっぺ返し戦略均衡よりももっと確実に協調できる別の戦略的工夫はないものだろうか。

レヴューと長い報復

任意の精度において寛容なしっぺ返し戦略均衡よりも協調を促進できる一案を紹介しよう。それは、相手についてのシグナルをしばらく観察してから、報復するか否かを決めるやり方だ。このやり方は、「レヴュー（再調査、review）」とか「斟酌（lenience）」とか、いろいろに呼ばれている。

十分に長い一定期間、相手のシグナルを観察し続ける。もし相手がずっと「協力」をプレイし続けていれば、この間にはモニタリングの精度とほぼ同じ割合でGが観察されるはずだ。ならば、Gが観察された割合が精度をだいぶ下回れば報復し、そうでなければ「協力」をとるといった具合に戦略を定めれば、不完全モニタリングにおいても、ほぼ効率性のロスなく報復ができるはずだ。（「大数の法則」を利用して効率的に報復のパターンを設定する、というやり方である。）

この際、寛容なしっぺ返しのように1回限りの報復ではなく、報復期間自体も長くとって、「報復をすると判断したからには厳しく報復する」といった追加措置が必要になる。相手がずっと「非協力」をとって得をしてきた分は馬鹿にならないだろうから、その分を相殺できるだけの十分な報復が必要になるからだ。

さらには、もし相手の選択についてのシグナルだけでなく、自身の選択について相手が観察するシグナル、つまり、「自分が相手にどう見られているか」についても観察できる場合には、「レヴュー」におけるインセンティブの問題はさらにややこしくなる。

公的モニタリングと私的モニタリング

自分が相手にどう見られているかがわかる、つまりシグナルが公的に観察されるケースは、「公的モニタリング」と呼ばれている。これに対し、相手にどう見られているのかわからない、シグナルが私的にのみ観察されるケースは、「私的モニタリング」と呼ばれている。後者についてはすでに説明してきた。以下、しばらくは、公的モニタリングについて解説しよう。

繰り返しゲーム理論の研究史、なかでも「フォーク定理」の研究史においては、公的モニタリングにおいてフォーク定理が成立するかどうかが、私的モニタリングのケースよりも先に明らかにされた。つまり、不完全にしかモニタリングできなくても、割引ファクターが1に近ければ、つまり長期的視野に立つプレーヤー同士であれば、(近似的に)フォーク定理が成り立つことが、私的モニタリングに先んじて、公的モニタリングにおいて証明されたのである。[*5] 公的モニタリングにおいては、シグナルはプレーヤーに共通に観察される。そのため、観察されたシグナルに応じて次期以降の均衡がスイッチされるように、自己生成(self-generation)の性質を容易に利用することができ、理論研究者にとってはさほど大きな混乱なくフォーク定理を証明することができたのである。

この証明には、1回限りのゲームにおいて明示的な契約を書くことによってインセンティブを解決しようとする「メカニズムデザイン」とも相通じるようなアプローチが使われている。つまり、1回限りのゲームにおいて、観察されたシグナルに応じて所得移転するルールを設計するメカニズムデザインのアプローチと、自己生成を使ったフォーク定理の証明の仕方は、とてもよく似ているのだ。[*6] うまく設計された契約にコミットして、所得移転によってアメとムチを使い分けることで、プレーヤーにインセンティブを与えるやり方が、自己生成を使ってアメとムチを使い分ける繰り返しゲームのやり方とよく対応しているのである。

一方、私的モニタリングの場合にフォーク定理が成立することについては、上述したレヴューを使うことによって、公的モニタリングのケースよりもずいぶん後になって証明することができた。私は、囚人のジレンマについて、任意の不完全モニタリングの精度においてフォーク定理が成り立つことを証明したのである。[*7]

再び、公的モニタリングに話をもどそう。私的モニタリングのケースより先に証明されたとはいえ、公的モニタリングには固有の難しさがある。公的モニタリングでは、レヴューの途中で、自分の選択についてどのようにシグナルが相手に伝わっているかがだんだんわかってくる。よって、レヴューの途中で自分が報復を受けるかどうかが、だんだんわかってくる。そのため、「協力」をさらにとり続けて相手に好印象を与えたいとするインセンティブが、だんだん薄れていってしまう。

このことが、公的モニタリングのケースにレヴューのアイデアを適用することを難しくしている。もっとも、この難しさは、私的モニタリングの場合にも、少なからず受け継がれている。特に、自分についてのシグナルと相手についてのシグナルに相関がある場合には、一方のシグナルの観察から他方を推測できるので、やはりレヴューの途中で協調をやめてしまう。前述した私の論文では、シグナルに相関がないことをあらかじめ仮定して、この困難を（ずるがしこくも）回避していた。[*8]

しかし、気鋭のゲーム理論家菅谷さんは、この困難を乗り越え、公的私的双方を包含する、不完全モニタリングの非常に一般的なゲームについて、フォーク定理が成立することを証明してみせたのだ。[*9] 驚くべき快挙。

理論と現実

繰り返しゲームを実験する

こんなフォーク定理は、「ゲーム理論という応用数学を代表する大定理」といっていい。しかしながら、この定理には大きな欠点がある。たくさんある均衡の中でいったいどれが実現するのか。この問いに対しては、この定理は何も語ってくれないのだ。均衡条件だけでは、どの配分が達成されるか、まったく予測できない。

予測力に著しく欠ける定理だ。

繰り返しゲームにおいてどのようなプレイがなされるのか。どんな配分がなされるのか。これらの問いに対しては、理論だけではらちが明かない。

ならば、もっと直接的に調べてみることにしようではないか。つまり、不完全私的モニタリングの繰り返しゲームを、実験室で、被験者に直接テストさせるのである。はたして、被験者はどのような振る舞いをするのか。

だがここでさっそく問題発生だ。それは、繰り返しゲームは、囚人のジレンマを無限回繰り返せないと意味がないということだ。有限回しか繰り返せないとなるとまずい。有限回の最後の期では協調は起こらない。最後の期では、もはや1回限りの囚人のジレンマでしかないからだ。ならば、最後から二番目の期でも、明日は非協調とわかっているから協調しないことになる。このような具合に推論していくと、最初から協調しないと考えるのが筋である。(実際、過去の実験研究の結果をみても、有限回の繰り返しゲームの実験自体が繰り返されると、被験者はだんだん協調しなくなることがわかる。)

実験の時間には限りがある。だから、無限回繰り返される可能性は想定できない。そこで、ちょっとした実験の工夫が必要になってくる。まず、実験はしょせん有限回なのだが、どの時点で終了するかは被験者に知らせないでおく。そして、期ごとに繰り返しゲームが終了する確率を固定しておいて、この確率は被験者にあらかじめ教えておく。各期末では、終了するかしないかを決するルーレットを被験者に見せる。こうすれば、ルーレットの結果に応じて、被験者がその都度、次期以降もまだ繰り返しゲームが継続されることに注意を払うようになる。すると、被験者は、本当に終了するまで、まるでエンドレスなゲームをしているような気分になれる。こうして、無限回繰り返しゲームをプレイしているという幻想を抱かせることができる。（もっともこれは「まやかし」だ。そして現実もまたまやかしなんだ。）

実験では寛容なしっぺ返しがプレイされている

では、前述した不完全私的モニタリングの囚人のジレンマを実験してみよう。被験者ははたしてどのような行動をとるだろうか？

私の実験グループは、割引ファクターを1に近く設定し、モニタリングの精度の高いケース（90%）と低いケース（60%）の両方について、東大の学生に被験者になってもらって、実験をおこなった。[*10] そして、その実験結果から、被験者がどのような戦略に従って行動していたかを、以下のように推定した。

被験者には、「最初からずっと『非協力』をとり続ける人」、「最初からずっと『協力』をとり続ける人」、「ランダムに『協力』と『非協力』を選択する人」、「しっぺ返し戦略をする人」、「レヴューしている人」、「長く報復する人」などなど、いろんなタイプがいそうだ。そこで、こんな「ありそうな」戦略をたくさんリストアップして、それぞれの戦略が各被験者に（近似的に）利用されている頻度を、「strategy frequency estimation method」と呼ばれる最尤法[*11]によって推定してみた。すると、かなり多くの被験者（半数以上）が、精度の良し悪しに関係なく、「寛容なしっぺ返し」戦略に一番マッチしていたのだ。

みなさんには、ここまでちょっと険しいゲーム理論の「山登り」に付き合っていただいた。そして、寛容なしっぺ返し戦略が実験でも観測された。報われた気分に浸れたかもしれない。

理論と実験の齟齬

しかし我々は、理論と実験の間に矛盾があることに直面することになる。理論が現実の説明に合っていないというわけである。こうして、我々は、いきなり谷底に突き落とされるのである。

被験者がシグナルGを観察した場合とシグナルBを観察した場合とでは、どの程度次の期に「協力」を選択する頻度が違うのか。報復の強さはどの程度違うのかを、実験結果を分析して調べてみた。すると、モニタリングの精度の高い時には、寛容なしっぺ返し戦略均衡の時の値よりも高く、精度の低い場合は寛容なしっぺ返し戦略均衡の時の値よりも低いことがわかった。この観測が、我々を谷底に突き落とすことになるのである。

モニタリングの精度が高いと、概して「協力」をとる頻度が高い。この意味では、被験者はシグナルを上手に活用していると言える。理論とも整合的だ。しかし、報復の強さは、精度が上がると、高くなっている。この意味では、シグナルの活用の仕方としてあまり利口と言えない。だから、理論との整合性は保たれていない。

被験者の選択の傾向をある程度予測できるのなら、つまり、合理的であるならば、モニタリングの精度が高いと、報復を弱くして効率性のロスを下げるはずである。なのに、実験結果はその逆だった。精度が低い場合には、均衡より報復はかなり小さく、精度が高い場合には均衡よりも報復は大きかったというわけだ。

実験結果は、今までの理論的考察が意味することとずいぶん違っている。どうやら、今までとはまったく違う発想から、長期的関係のことを考え直したほうが良さそうだ。ならば、新しい仮説を思いつけ。

やさしい感情といじわるな感情

では、プレーヤーの行動は、金銭だけで動機付けられているのではなく、人間関係において生じるであろう「感情」にも影響される、と考えてみてはどうだろうか。つまり、第2章キュレーション3で説明したような、内生的選好を考慮してみてはどうだろうか。

例えば、あなたは、相手が「協力」を選択することを期待している。しかし、実際には、シグナルBを受けとった。ならば、あなたは不快に思い、「非協力」をとっていじわるすれば気分がすっきりする。こんな感情は「いじわるな」感情だ。

逆に、あなたは、相手が「協力」を選択することをあまり期待していない。しかし、実際には、シグナルGを受けとった。ならば、あなたはうれしく思い、「協力」をとってやさしくお返ししたくなる。こんな感情は「やさしい」感情だ。

いじわるな感情とやさしい感情のどちらが重要か。これは、協調しやすいか、つまり、モニタリングの精度が高いか、あるいはそうでないかに左右されそうだ。

例えば、精度が低いと、概して協調はしにくい。だから、少しでも相手のいい情報が入れば、やさしくしてあげたくなる。逆に、精度が高いと協調しやすいので、いいシグナルがくるのはあたりまえに思えている。だから今度は逆に、悪いシグナルにやけに敏感になる。

このような観点から、内生的選好を考慮した均衡分析を、コラム11―4で展開してみた。やや複雑な論理展開だが、ていねいに追ってみてほしい。

モニタリングの精度が低い場合には、相手の良い点を積極的に評価しようとし、やさしい感情が長期的関係を支配する。しかし、モニタリングの精度が高くなって、協調がしやすくなってくると、相手のあらを探しては憤るようになり、いじわるな感情が支配するようになる。

ここに、物質的な意味で効率的な配分を達成したいとする目的と、冷たい人間関係に支えられる社会の在り方への不満との間に、「不都合な」トレードオフがあることが垣間見える。モニタリングしやすいがために協力関係が成立しやすい社会と、そうでもない社会とで、どちらがより「幸せ任意のモニタリング精度 $p>\frac{1}{2}$ について、両プレーヤーが寛容なしっぺ返し戦略 $(r(p),k(p))$ をプレイする。実験結果に即して、$r(p)$、$k(p)$、および $r(p)-k(p)$ は、いずれも精度 p の増加関数とする。もし

$$r(p)-k(p)>\frac{1}{2\delta(2p-1)}、$$

つまり報復の程度が均衡値より強ければ、物質的な損得としては、「非協力」をとって報復することを躊躇するだろう。

そこで、Bを観察した時には、いじわるな感情が起こり、この感情をしずめずに「協力」をとると、心理的コスト $c(B;p)\geqq 0$ がかかると考えよう。ならば、「協力」と「非協力」が無差別になる条件は

$$C(B;p)=20\delta(2p-1)\{r(p)-k(p)\}-10$$

になる。精度が高いため報復 $r(p)-k(p)$ が強すぎる場合、いじわるな感情をしずめる心理的コスト $C(B;p)$ は正になる。精度が上がると $r(p)-k(p)$ も上昇するから、心理的コスト $C(B;p)$ も上昇する。精度が上がって協調しやすくなると、相手についての悪い情報に敏感になり、いじわるな感情が支配する。

逆に、

$$r(p)-k(p)<\frac{1}{2\delta(2p-1)}、$$

つまり報復の程度が均衡値より弱ければ、物質的な損得としては、「協力」をとって協調することを躊躇する。

そこで、Gを観察した時に、やさしい感情が起こり、この感情にさからって「非協力」をとると心理的コスト $c(G;p)\geqq 0$ がかかると考えよう。ならば、「協力」と「非協力」が無差別になる条件は

$$C(G;p)=10-20\delta(2p-1)\{r(p)-k(p)\}$$

になる。精度が低いため報復 $r(p)-k(p)$ が弱すぎるならば、やさしい感情にさからう心理的コスト $C(G;p)$ は正になる。精度が上がると $r(p)-k(p)$ は上昇し、心理的コスト $C(G;p)$ は低下する。

精度が上がって協調しやすい状況になると、相手の良い情報に反応しなくなり、やさしい感情は影をひそめる。

コラム 11—4：心理的コストを加味した寛容なしっぺ返し戦略均衡を模索する

な」社会と言えるのか。

経済学は、今のところ、この問いには答えてくれない。シグナルを刺激として受け、感情で反応するパターンを探究するアプローチ、つまり心理学的なアプローチとされるものからも、良い答えは期待できない。

ならば、社会の規範が人々の行動を操っていることについて、もっと哲学しないといけない。こんな哲学の中に、幸せな社会を見出すヒントがあるかもしれない。そして、このヒントは、いずれ経済学をもっと価値ある方向に導くかもしれない。

村八分と居場所探し

今まで説明してきた繰り返しゲームは、常に同じプレーヤー同士がゲームを何度も繰り返している状況だった。今度は、大勢の経済主体が出会いと決別を繰り返している状況を考えてみよう。対戦相手が変わりうる状況でも、協調関係が成立することをうまく説明できるだろうか。

真っ先に思いつきそうなのが「村八分（Ostracism）」だ。過去の選択の記録が、「評判」として伝わり、次期以降誰からも相手にされなくなる。こんな村八分を恐れるあまり、あなたは「協力」をとるインセンティブをもつことになる。

駆け出しの研究者だった1980年代、私は、このような村八分を肯定する説明の仕方が嫌いだった。村八分は、限定された範囲の社会的関係においてはまあいいのかもしれない。しかし、複雑な現代社会の規範として常に肯定されるようなものではない。村八分は、差別や偏見の温床になるからだ。

場合によっては、スケープゴートを人為的に作るための口実になる。村八分を実践する人たちの目は血走り、悪意に充ちる。こんな連中は地獄に落ちるにちがいない。(今もこの思いは変わらない。)

ならば、村八分とは異なる仕方でインセンティブが提供される、もっと別の見方はないものか。あれば、地獄に落ちるような人も救済できそうだ。

私が駆け出しの頃考えていた、村八分にかわる協調の作法である「居場所探し」を、最後に紹介しよう。[*12] 私は今でもこのアイデアを、どう料理していこうかと大事に温存している。

各プレーヤーには、「相性のいい人」が、社会に一定割合いる。そして、私にとって相性の良い人にとって、私は相性の良い人である。しかし、誰が私にとって相性が良いか(誰にとって私が相性が良い人なのか)は、会ってみないとわからない。

この場合、相性の良い人にたまたま出会えたら「協力」をとり、お互いに「協力」をとり続ける限り良い関係が維持される。しかし、いったん「非協力」を選択してしまえば、決別して、次の期に別の人とマッチしなければならない。この時、また相性の良い人にすぐにマッチできるというわけにはいかない。相性の悪い人にマッチすれば、お互いに「非協力」を選択して、また決別して、「居場所探し」をさらに続けないといけない。こんな居場所探しを続けるのは時間がかかり、損であろう。ならば、良い居場所に巡り合えたならば良い関係を大事にしよう、ということになる。だから、こんな時には、「協力」を選択し続けて、真面目につとめるだろう。

ここには、村八分や評判などは機能してない。だから、社会に巣食うような差別や偏見も生まれまい。と、まあ私は無邪気にこう思うのだが、みなさんはどう思うのやら。

第12章　マーケットデザインとニッポン

日本の社会にデザインを

日本にはマーケットデザインあるいはメカニズムデザイン、つまり、経済学やゲーム理論の英知を使って、既存の制度を見直し、いいものに変えていこう、新しい制度設計のアイデアをどんどん取り入れよう、というアプローチを必要とする現場が山積している。なのに、政府も国民も、こんな経済学の可能性を認知してくれない。この章は、マーケットデザインが日本と付き合うための、日本がマーケットデザインと付き合うための、今後の作法のことをざっくばらんに語る。

インフルエンザ・パンデミック

2016年4月、興味深い相談が舞込んだ。メールの送り主は厚生労働省を上部組織とするとある施設等機関の方だ。面識はなかったが、私が主宰している研究グループ「オークション・マーケットデザインフォーラム（AMF）」のウェブサイトに気付かれ、ご連絡をいただいた。ご相談の内容は、パンデミック（感染症の世界的大流行）をマーケットデザインで解決したいとのこと。「これはいい。」

ちなみに、「ＡＭＦ」とは、２０１２年ごろから、携帯事業用の周波数利用免許（非常に高額なもの）を事業者に割り当てる際に、オークションのルールを上手にこしらえて、競争的、効率的に割り当てることを政策提言する、などの理由で設立された学者集団である。しかし、ミイラ取りがミイラにならないように努めるうちに、このような努力は、政府に対してでなく、一般市民に対して訴えたほうがいいのではないか、と考えるようになってきていた。そんな時、この話が飛び込んできたというわけだ。

パンデミックの問題とは、ごく簡単に言うと以下の通りである。

２００９年に新型インフルエンザ・パンデミックが発生した。日本政府は、難渋の挙句、十分な人数分のワクチンを集めることができた。しかし、ワクチンの大半は、実際には住民に接種できず、数百億円もの損失を計上したそうだ。

当時は、パンデミック時にワクチン接種の予約を取りまとめるためのしくみがなかった。そのため、私の理解するところ、特定の時間帯には、準備されたワクチンを超える希望者が殺到するも、別の時間帯には、閑古鳥が鳴き、ワクチンを無駄にしてしまった。加えて、日本人はワクチン接種そのものに懐疑的だったようだ。こんな、いろんな要因が重なって、極端に低いワクチン接種率と相成ったわけだ。

この失敗を教訓に、今後は、ワクチンが破棄されることなく、効率的、効果的に、日本国民にあまねく接種されるように、もっときちんと体制作りをしよう、という機運になったようだ。こうして私のところにも相談が舞い込んだ。

実は、このような予約のマッチングの失敗は、例えば、大学での健康診断の予約などでもみられる現象だ。きちんと時間指定されているにもかかわらず、実際に検査がスタートしたのは予約時間から2時間も経過してからである。こんな失敗を続けている。

日本発のマーケットデザイン

日本の現場には、経済学やゲーム理論が必要とされる問題が山積している。特にマーケットデザイン、メカニズムデザインは、少子高齢化、医療介護から、巨大災害、格差拡大、財政赤字、産業構造変化、ベンチャー主導の技術革新、フィンテック、ブロックチェーンに至るまで、さまざまな制度改革に応用できるポテンシャルがある。

時を同じくして、熊本で大きな地震が起きた。2016年4月のことだ。こんな緊急事態に経済学は何ができるのか。経済学者の関心は、災害リスクマネージメント、災害が及ぼすマクロ経済効果など、災害との大事な接点をもち得る。しかし、私がここで問題にしたいのはこれらとは違う。

災害時には、救援物資からボランティアに至るまで、被災地のどこに何を配分するかを、リアルタイムで決められるスピーディーなしくみが求められる。これがないと、善意で集められたお弁当も、被災地の入り口で放置され、腐ってしまう。こんなしくみのデザインに、経済学の英知がもっと生かされるべきだ。

幸い、熊本の被災地では、ボランティアなどによって情報システムが短期間で整備されたそうだ。情報通信が機能することは災害時にかかせない。しかし、それが単に「誰でもいつでも閲覧できるハイテク掲示板」の域を出ないのなら、ヒトもモノもカネも情報も、思うように動いてくれない。

だから、リアルタイムで効率的に配分する、ダイナミックなオンライン・システムを、事前に知恵を絞って設計することを、もっと考えないといけない。これはマーケットデザインが担うべき役割だ。

災害対策のためのマーケットデザインは、日本のケースで模範を示すことによって、世界に大きなインパクトを与えるような、「日本経済」研究の新しい形になりうる。そして、このパンデミック・マーケットデザインは、これと同じ方向を向いたプロジェクトになりうる。だから、私は、「これはいい」と感じたのだ。

日本発のマーケットデザインといえば、最近では、鎌田雄一郎さんと小島武仁さんによる研修医マッチングが思い浮かぶ。[*1] 地域間で医師の人数に大きなばらつきが生じないよう、地域ごとに採用人数にキャップを設け、キャップの制約下で病院と研修医の最適マッチングを考える研究だ。

これは、日本の事情から問題提起され、世界に発信された論文といえる。我々もこれに続こうというわけだ。しかし違いは、日本社会の中にマーケットデザインで考えるべき新しい現場を見出して、願わくばマーケットデザインの新領域を創ろうという、ちょっと欲張りな意図がある点だ。

供給サイドの事情と政策目標

私は、同僚の市村英彦先生と色々議論するなどした結果、このパンデミックのワクチン配分はたいして難しい問題ではないと少し高をくくった。

まず、人数分のワクチンを揃える。次に、住民全員に、都合のいい時間帯の第1希望を聞き出す。時間帯ごとに需要（第1希望の人数）を数える。最後に、各時間帯に、その需要と一致するワクチン供給量を割り当てる。こうすれば、どの時間帯も需給が一致して、過不足なくワクチンが接種される。これで一件落着のはずだ。

しかし現実は、そうは問屋が卸さなかった。ワクチンは生もののようであり、時間帯ごとの数量確保はおろか管理も大変らしい。だから、どの時間帯にどの程度の人数に接種できるかは、供給サイドの事情を無視しては語れないのだそうだ。ならば、住民の第1希望をすべて実現させるのは無理そうだ。住民によっては、第2希望、第3希望を割り当てざるをえない。

こうなると、問題解決はもはや容易でなくなる。その理由の一端は、どのような配分を実現させたいかについての政策目標にある。単に、住民にとって「パレート最適」な配分（他の住民の希望を損ねることなく、特定住民の希望をさらによりよくみたす再配分の余地が、もはやない、という意味）を達成することだけが政策目標ではない。住民の接種率を高めること、もっと正確には、インフルエンザに感染する住民の人数を最小限に留めることが政策目標なのだ。

これは、パレート最適達成よりはるかに要求水準の高い目標なので、やっかいになる。というのも、住民が希望を正しく表明してくれるかどうかについて、のっぴきならないインセンティブの問題が発生するからだ。

ささいでないインセンティブの解決

以下のような簡単なマッチング（割り当て）のルールを考えよう。[*2] 住民に、ひとりずつ順番に、予約時間の空きスロットを1つ選んでもらう。第1希望の時間帯のスロットがすでに埋まっている場合は、第2希望を選ぶことになる。第2希望も埋まっていれば第3希望を選ぶことになる。空きスロットで都合のつく時間帯がなければ「接種しない」を選ぶことになる。

こんな単純なルールの結果は、住民にとってパレート最適な配分の実現を、常に保証してくれる。そして、このルールの下では、どの住民も、正直に自身の希望にそってスロットを選ぶことが、常に得策になる。これは良さそうだ。

しかし、残念ながら、このルールは政策目標を達成してはくれない。つまり、このルールの配分結果は必ずしも接種人数を最大にしないのだ。

例えば、住民1も住民2も、ともにスロット1を第1希望とする。住民1の第2希望はスロット2である。しかし、住民2にとって、都合のつく時間帯はスロット1のみである。この場合、住民1から順番にスロットが選ばれるなら、スロット1は住民1が獲得し、住民2は「接種しない」を選ぶはめになる。

スロット2は誰にも選ばれず、空きのまま割り当てを終えたとしよう。政策目標は接種人数を高めることだから、住民1がスロット2でも都合がつくのであれば、配分をしなおして、住民1にスロット2を、住民2にスロット1を割り当てたいところだ。

しかし、住民1は、利己的な人なら、「私はスロット2でも都合がつきます」と名乗り出ることは、まずしないだろう。名乗り出ることによって、自身にとってもっとも好都合な、スロット1を獲得するチャンスを失うからだ。

パンデミック・マーケットデザインが容易ならざることが、これでおわかりいただけただろうか。

ワクチン配分の複雑性

私のここでの考察は、ワクチン接種本来の問題を、過度に単純化しているきらいがある。例えば、ワクチン接種は、種類によっては、1人2回必要になる。ならば、住民1人あたりスロットを2つ割り当てないといけない。

住民に優先順位をつけることも考慮しないといけない。接種には、他の住民への感染ルートを断つという重要な目的がある。まずは医療関係者が優先されるのだろう。複数の地域を移動する仕事をされている人は、そうでない人よりも優先したほうがいいかもしれない。インフルエンザが他の地域に拡散するのをより効果的に防げるからだ。

また、ワクチンは徐々に生産され供給されていく。ならば、供給されたワクチンを接種所と時間帯に迅速に割り当てて確実に接種に結びつける、よりダイナミックなルール設計が求められよう。[*3] ここには新しい論点が生まれる芽がありそうだ。学術的にオープンな議論が不可欠になる。研究者の血が騒ぐ。

国民による制度設計

行政と国民への期待

しかし、私のはやる気持ちには待ったがかかる。このように、金銭的解決が好まれない、公共的目的のためのマーケットデザインは、行政の強い協力があってこそ、実現に近づくというものだ。ならば、行政の積極的な関与がどのくらい期待できるのか。

私は、今までにも、4G周波数免許割り当て、羽田空港発着枠配分など、オークションによる政策提言をしてきた。いずれも結局、政策当局は笛吹けど踊らずだった。そして、その背景にあることも、私はおおよそ理解している。この二の舞は勘弁だ。

メールの方は、以下のような案を出された。行政に負荷をかけないための試作品である。スロットを全住民に、ランダムに、あるいは何らかのゆるい基準にもとづいて、本人の希望を聞かずに、あらかじめ全部配ってしまおう。その後で、住民の間で、自由な交換による再配分によって、調整していこう。

この案の命運は、自由なスロット交換が本当にうまく機能するのかどうかに係る。しかし、これはとても判断の難しい侮れないポイントになる。なぜなら、住民みながちゃんと「交換のテーブル」についてくれるとは限らないからだ。

スロット交換に潜む落とし穴

例えば、とあるコンビニエンスストアが、パンデミック時に、以下のような「スロット交換ネットワークサービス（交換ネット）」を開始したとしよう。

10人の各住民に番号1、2、…、10が振られているとする。各住民にあらかじめスロットが1つずつ配分されたのだが、住民1は住民2のスロットを希望し、住民2は住民3のスロットを希望し、…、住民10は住民1のスロットを希望しているとしよう。

各住民は、コンビニにいって、交換ネットに自身のスロットをいったん提供すれば、別のスロットをいつでも1つ選ぶことができるとしよう。もし全住民が自身のスロットを交換ネットに提供するならば、各住民は速やかに希望のスロットを見つけることができる。こうして、めでたく、接種人数最大化を達成できることとなる。しかも、住民全員が交換ネット上で交換することは「ナッシュ均衡」になるので、自己実現的であるという意味合いにおいて、とても安心だ。

しかし、一方で、「誰も交換ネットを利用しない（テーブルにつかない）」という残念な状況もまた、別のナッシュ均衡になってしまう。この場合、どの住民もみな交換ネット上にほしいスロットが提供されていないと予想するから、誰も交換ネットによりつこうとしない、というわけだ。[*4]

では、いったいどちらのナッシュ均衡が実現するのか。これは、形式論理だけでは、先験的には、わからない。

いったんスロットを配分してしまうと、交換ネットに来られない人が必ず幾人かはいるに違いない。特に日本人は、ワクチン接種に慎重な国民だと聞いているから、なおさらだ。来られない人たちのスロットをほしい人たちは、交換ネットに来てもほしいスロットを手に入れられないから、やはり彼らも（彼女らも）交換ネットに来ない。

こうして、ドミノ倒しのように交換ネットに来ない人が増え、交換ネットはどんどん「厚み」がなくなって、もぬけの殻になってしまう。みんな「テーブル」についてくれないのだ。こんなことでは、悪いほうのナッシュ均衡に軍配があがりそうだ。

しかし、これでは悲観的過ぎるので、もうすこし前向きなシナリオも考えておこう。「私自身はワクチンを接種しないかもしれない。しかしワクチン接種がパンデミック沈静に貢献することはわかっている。だから他の住民が接種する機会を提供することにはやぶさかでない。」このように思う人ならば、たとえ本人が接種しないとしても、自身に割り当てられた不都合なスロットを即時交換ネットに提供するだろう。

みなが少なくとも、ある程度のこんな「公共心」をもっているなら、不都合なスロットを割り当てられた場合には、交換ネット上に好みのスロットがあろうとなかろうと、すみやかにこの不都合なスロットを提供するだろう。

ならば今度は、良いほうのナッシュ均衡に軍配があがりそうだ。

日本国民の公共心をもっと信じてあげれば、第1希望に固執するインセンティブも、交換ネットの厚みの問題も、深刻でないのかもしれない。ならば、2人で単純にスロットを交換できる、掲示板のような場を設けるだけでも、かなり効果があるのでは、とも推測されよう。本当のところは今の段階ではわからない。

何かできることをまずやってみよう、失敗したらあとで修正して、これを教訓に、もっといいやり方を思いつこう。この精神が大事だ。

ウーバーとガバナンス

話題を変えよう。今度は、もっとお金がからむ「ビジネス」のことを考えよう。

2016年1月、私はサンフランシスコの学会（Allied Social Science Association（ASSA）Annual Meeting）に参加した。学会の期間を利用して、（当時）スタンフォード大学に留学中の野田俊也君と、「Thinking by Walking 方式」によって、共同研究を進めた。

学会場のヒルトンホテルから北上して、リーバイス本社からフィッシャーマンズウォーフをぐると、ジャパンタウンにまでたどり着くと、いろいろな知恵が出てきて大きな収穫を得たのだが、[*5]同時に我々は体力を消耗した。

そこで野田君は「タクシーを呼びましょう」というから、そのような贅沢はよくないので歩いてもどろうと、押し問答になった。結局呼ぶはめになったが、正確には通常のタクシーでなく、「ウーバー（Uber）」を利用して、いわゆる「白タク」をスマホから呼んだのだ。

すると、ほんの数分で、我々はジャパンタウンからピックアップされ、目的地のヒルトンホテルまで、ずいぶん安価で、しかも快適。これなら今後も利用したいと思ったが、日本では今のところ、白タクはご法度だそうだ。（ちょっと古い話になってしまったが、日本の事情がアメリカとは違う展開にあることに変更はない。）

ウーバーのビジネスモデルには、メカニズムデザインのエッセンスがぎっしり詰まっている。ドライバーの走行は四六時中監視され、車内ももはや密室でなくなった。ドライバーはうかつなことはできないし、利用者からの厳しい評価の目にさらされている。その一方で、ドライバーには車内サービスをいろいろ工夫する自由度が与えられているから、利用者の興味をひいて、低評価を徐々に上げていくチャンスが、いつも開かれていると言える。

こうして、ウーバーのプラットフォーム・ビジネスは、十分な「厚み」をキープでき、安全運転を守る「暗黙の協調」のインセンティブを、ドライバーからうまく引き出している、ガバナンスにずいぶん成功しているように、私には思える。[*6] 実際、こんなシステムがもしなければ、白タクにナど手を出すことはしない。

ウーバーのやり方は、ドライバーに高い運転技術を要求することで安全を担保する日本式の「許可制」とは、対極にある。

ウーバーのような情報システムなら、日本政府がなかなか手放さない許可制にあまり頼らずに、ガバナンスを維持できる。このシステムをいろいろに応用すれば、世の中にあるさまざまなリソースをも眠りから呼び覚ましてもっと有効活用できそうだ。

我々は、以前にも、ネット・オークションにおいて似たような評価システムを経験済みだ。しかし、上述のように、ウーバーは、それよりもっと、我々の身体や感覚にまで入り込むような手口である。

ゲーム理論によるマーケットデザインは、今後、「厚い、そして熱い、市場を創る」作法をもっと模索する学問になろう。情報システムによるガバナンス効果を、マーケットデザインによっていかに創発するかが、これからの日本のビジネスの成功の1つの重要なカギを握ることになる。

あとがき

今日、ゲーム理論の認知度は、私がゲーム理論の存在を知った1980年ごろとは比較にならないほど高い。その一方で、「ゲーム理論を使うと正確な予測ができる」とか、「ゲーム理論が現実問題を直接的に解決する」とか、「戦略的思考が社会的知性を高める」とかいった、ゲーム理論に対する、あながち間違いとは言い切れないものの、やや偏った受け止め方や期待のされ方が、広く見受けられる。

このことは、今日のゲーム理論が有用な学問であることの本当の意味について、間違った理解がなされていることを示している。ゲーム理論は、現実的な問題解決という期待に、直接的には答えられないかもしれない。しかし、本書が説明するように、ゲーム理論の有用性は、もっと間接的な、しかし非常に重要な、別のところにある。

高名な研究者ですら、ゲーム理論が直接的にはあまり役立たないことに対して、ひらきなおって、「そもそもゲーム理論は有用性とは無縁である」などと言明することがある。これは、ゲーム理論の在り方を正しく反映していない。本書によって、このような誤解は解かれるだろう。（高名なゲーム理論家が「私は現実にさほど興味がない」などと言明することがあるが、これは、ゲーム理論のあるべき姿とはさして矛盾しない。）

本書は、ゲーム理論を芸術に見立てて説明する新しいチャレンジになっている。第1章は、1916年の寺田寅彦の随筆「科学者と芸術家」（『寺田寅彦随筆集』第1巻、岩波文庫所収）に触発されている。この随筆は、自然科学と芸術が共通項をもつことを綴っている。私は、自然科学ではなく、社会科学と芸術の関係の方が、二十一世紀という「今」においては、もっと面白いだろうと考えたのである。

本書で「ゲーム理論が最強アートだ」などとしているが、あくまでアートの範囲を限定したからこそ、そう言えるのである。むしろ、こんな私の傲慢な言い回しを超えて、ゲーム理論が、何らかの仕方で、より広範囲のアート活動と結びつく可能性を今後大いに期待したい。

本書の出版に際して、まずは両親に深く感謝したい。大学生以降の私は、研究にしか興味がなかった。このことを両親は理解してくれていた。また、この本の執筆によって、私は両親から自分の思っている以上に強い影響を受けてきたことを痛感した。

父親は、出世欲のない、几帳面という言葉からおよそ無縁な、（私と同じくらい）役人気質の対極にある性格の持ち主だった。私が東京大学でテニュアを取った時には、手をたたいて、ことのほか喜んでくれた。しかし、そのすぐ後で、「出世するような人間にだけはなるな」と、真顔で凄まれた。私は出世という言葉からすでに卒業していたつもりなので、なぜこのタイミングでこんなことを言うかと不思議に思った。しかし、その後、これはけだし至言だったと思い知らされることを、たくさん経験した。私は、今のところ、この父親の教えを忠実に守って生きてきている。

私は幸運にも3人の恩師に恵まれた。私は、学部ゼミ生として、宇沢弘文先生に師事する機会を得ることができた。宇沢先生が数理経済学を強烈に批判する姿勢に強くあこがれていた。「アメリカ政府の要請で、多くの経済学者が、ベトナム人を殺すのに必要な費用便益を計算していた」というお話をされた時のものすごい形相を忘れることはできない。

私が受けたゲーム理論の（最初で最後の）講義は、小林孝雄先生によるものだ。私は、この講義によって、ゲーム理論が熱中するに値する学問であることを知った。現在の私のゲーム理論の講義は、小林先生のようには魅力的にならない。これはなかなか越えられない壁である。小林先生には、大学院で私の博士論文指導をしていただいた。おかげさまで、私は満足のいくものをまとめることができた。

私は、学部生の時に、第9章で紹介した「アカロフのレモン」についての卒業論文を書いた。この論文によって、当時新設された「大内賞」を授賞し、大学院に進むことになった。ゲーム理論を使って、アカロフのような「制度の経済学」を研究していきたいと考えていたのだ。奥野正寛先生には、「制度の経済学」の研究をどのように進めるかについて、重要な道標を示していただいた。3人の恩師からは、言葉に表せないほど恩恵を受けた。感謝の念に堪えない。

私は、英語力が弱く、大学院生時に海外留学することを断念した。このことで負い目を感じる大学院時代を過ごす羽目になった。しかし、第3章の基礎になる論文を何とか英文で書き、海外の専門誌に採用されるまでにこぎつけた。博士号取得後には、その研究をさらに発展させた内容の論文を後に共同執筆することになるディリップ・アブルー先生（Dilip Abreu）から電話と郵便で連絡をいただき、「そんな孤立した場所にいないで、アメリカに出てきなさい」とのお誘いがあり、意を決し留学することにした。アブルー先生のお誘いで、私は勇気付き、あまり負い目なく研究できるようになった。

3人の同僚、神取道宏先生、岡崎哲二先生、市村英彦先生に感謝したい。神取先生は、同じゲーム理論を専攻していることを超えて、私にとって、東京大学に入学した時からずっと最重要人物の1人である。そして、私が判断を困っている時に、一番意見を聞きたい人であり続けている。岡崎先生は、私とは畑の違う日本経済史の第一人者だが、非常に頻繁に私の話に付き合ってくれて、この原稿についての重要なコメントもたくさんしていただいた。市村先生は、これまた私とは畑の違う計量経済学の第一人者だが、その明晰さと率直な見解によって、どうでもいいような私の迷いすら取り払い続けている。

中途段階の原稿を、幾人かの専門外の方に読んでいただいて、コメントもいただいた。この場を借りて感謝したい。本書は学術論文でも教科書でもない。しかも、私はこのような一般向けの本を書いたことがなかった。そのため、どのような読者を想定するかに、とても神経を使ったのだ。秘書の新海栄子さんには、原稿の一部を読んでもらっただけでなく、本書がどのように書かれるべきかの判断を左右するコメントをいただいた。そのため、新しいタイプの読者層を意識して書くことができた。

本書は、結果的には、とても平易に書かれたというほどではないので、目的を達成できたかどうか心配である。本書の出版が新しいタイプの読者層を創発できたならば、私はとてもうれしい。

日本銀行金融広報中央委員会事務局の岡崎竜子さんには、広報誌「くらし塾きんゆう塾」の連載執筆の機会を提供いただき、感謝したい。本書の第5章から第8章は、この連載の原稿を修正、加筆したものである。

新進気鋭のアニメーション作家である岡崎恵理さんには、本の表紙絵を描いていただいた。本書に特別な価値がプラスされたことに驚くとともに、深く感謝したい。

最後に、日本評論社の小西ふき子さんと飯野玲さんに深く感謝したい。数年前、ややごり押し気味に『経済セミナー』の長い連載をスタートさせた。その中のいくつかの原稿が本書で使われている。連載の残りの原稿は今後、もっと教科書的な、オークションとメカニズムデザインに関する本にまとめる予定である。

２０１７年秋

松島　斉

注

第1章

＊1　ラウシェンバーグのほかの作品については言及しないとする。

＊2　Marx（1867）. この段落は岡崎哲二さんのコメントに啓発されて加筆された。

＊3　ラウシェンバーグの作品や言葉については、池上（2015）を参照されたい。

＊4　現代アート史については、Foster et al.（2016）を参照されたい。

＊5　私は、芸術は天才のみがなせるのであり、芸術の天才のみが世界の根本であるイデアを直視できる、とか、芸術は事物の模倣に過ぎない取るに足らないもの、といった芸術論風の言明とも無関係である。

＊6　Pierce（1934）.

＊7　Simon（1991）.

＊8　Friedman（1953）. あるいは、McCloskey（1983）を参照されたい。

＊9　社会理論における「理論化」とパースとの関係については、Swedberg（2014）を参照されたい。

＊10　Wittgenstein（1953）.

＊11　Smith（1776）.

＊12　Smith（1759）も参照のこと.

＊13　von Neuman and Morgenstern（1944）.

＊14　Walras（1874-1877）.

＊15　Akerlof（1969）.

＊16　Veblen（1899）.

＊17　私は、同感と同調を同じ意味合いで使っている。判断のむつかしい状況においては、他の感情を出し抜いて優位に機能する、という点が重要である。

＊18　Smith（1759）.

第2章

＊1　プロのサッカー選手は、生身の人間でありながら、機械的に左右を選択しているという実証報告がある。Chiappori et al.（2002）を参照されたい。

＊2　Osborne and Rubinstein（1994）の第2章を参照されたい。

＊3　パイオニアは、Tambe（2012）である。

＊4　Osborne and Rubinstein（1994）の第2章を参照されたい。

＊5　Milgrom, North, and Weigast（1995）. また、Tadelis（2012）も参照されたい。

＊6　Greif（2006）.

＊7　岡崎（2005）の第4章を参照されたい.

＊8　Camerer（2003）の第2章を参照されたい。

＊9　Geanakoplos, Pearce, and Stacchetti（1989）あるいはRabin（1993）を参照されたい。

＊10　Arendt（1963）.

第3章

＊1　Keynes（1936）.

＊2　Abreu and Matsushima（1992a, 1992b）.

＊3　Maskin（1999）. マスキンは2007年に遂行問題でノーベル賞を受賞している。彼のメカニズムデザインは主に整数ゲームを利用していた。

＊4　Abreu and Matsushima（1992a, 1992b）を参照のこと。なお、ここで説明される内容は、Matsushima（2017）にもとづく。

＊5　Camerer（2003）の第5章を参照されたい。

＊6　Glazer and Rosenthal（1992）.

＊7　Abreu and Matsushima（1992b）.

第4章

＊1　今回はMatsushima（2013）にもとづく。Matsushima（2008a, 2008b）も関連する。

＊2　Arendt（1963）.

＊3　Milgram（1974）, Zimbardo et al.（1982）.

＊4　Akerlof and Kranton（2000）.

＊5　Abreu and Matsushima（1992）.

＊6　Thaler and Sunstein（2008）.

第5章

＊1　Boldrin and Levine（2008）.

第6章

＊1　Vickery（1961）.

第7章

＊1　Matsushima（2013）.

＊2　Donohue and Levitt（2001）.

第9章

＊1　Cassady（1967）.

＊2　Akerlof（1970）.

＊3　Spence（1973）.

＊4　Fryer and Levitt（2004）.

＊5　Phelps（1972）. Arrow（1973）.

＊6　川口（2017）。

＊7　Anderson and Holt（1997）.

第10章

＊1　Budish, Cramton, and Shim（2014, 2015）.

＊2　執筆にあたって、大橋賢裕先生（東京理科大学）にいろいろアドバイスをいただいた。ありがとう。

＊3　Lewis（2014）.

＊4　Budish, Cramton, and Shim（2014）.

＊5　Budish, Cramton, and Shim（2014, 2015）.

＊6　Gale and Shapley（1962）.

第11章

＊1　Abreu（1988）.

＊2　Fudenberg and Maskin（1986）などを参照。

＊3　Axelrod（1984）.

＊4　Matsushima（2013）.

＊5　Fudenberg, Levine, and Maskin（1994）.

＊6　Legros and Matsushima（1991）, Matsushima（1989）.

＊7　Matsushima（2004）.

＊8　Matsushima（2004）.

＊9　Sugaya（2012）.

＊10　Kayaba, Matsushima, and Toyama（2016）.

＊11　Dal Bó and Fréchette（2011）.

＊12　Matsushima（1990）.

第12章

＊1　Kamada and Kojima（2015）.

＊2　これは、マッチング理論でよく知られている「deferred acceptance algorithm」というルールの、うんと簡単なケース（serial dictatorship）である。

＊3　関連する文献は、例えば、Akbarpour, Li, and Gharan（2014）. 野田（2016）も参照されたい。

＊4　みんながテーブルにつくことを前提にすれば、これはマッチング理論で知られている「top trading cycle」ルールの簡単なケースだ。しかし、二次希望が問題になるケースではやはり政策目標達成は保証されない。

＊5　その成果がMatsushima and Noda（2016）.

＊6　間接的だがいずれはこれに関連するだろう分野は、例えば、応用繰り返しゲーム（Sannikov（2008）, Sadzik and Stacchetti（2015））、情報デザイン（Kamenica and Gentzkow（2011）, Bergemann and Morris（2016））といったところか。

参考文献

第1章

Akerlof, George A. (1969): "The Market for "Lemons": Quality Uncertainty and the Market Mechanism," *Quarterly Journal of Economics* 84(3), 488-500.

Foster, Hal, Rosalind Krauss, Yve-Alain Bois, and Benjamin Buchloh (2016): *Art Since 2000: Modernism, Antimodernism, Postmodernism*, Thames & Hudson Ltd.

Friedman, Milton (1953): *Essays in Positive Economics*, University of Chicago Press.

Marx, Karl (1867): *Das Kapital: Kritik der Politischen Oekonomie*, Verlag von Otto Meissner.

McCloskey, Donald N. (1983): "The Rhetoric of Economics," *Journal of Economic Literature* 21(2), 481-517.

Pierce, Charles Sanders (1934): *The Collected Papers of Charles Sanders Pierce*, Harvard University Press.

Simon, Herbert A. (1991): *Models of My Life*, Basic Books.

Smith, Adam (1759): *The Theory of Moral Sentiments*, Liberty Fund.

Smith, Adam (1776): *An Inquiry into the Nature and Causes of the Wealth of Nations*, University of Chicago Press.

Swedberg, Richard (2014): *The Art of Social Theory*, Princeton University Press.

Veblen, Thorstein (1899): *The Theory of Leisure Class: An Economic Study in the Evolution of Institutions*, Macmillan.

von Neuman, John and Oskar Morgenstern (1944): *Theory of Games and Economic Behavior*, Princeton University Press.

Walras, León (1874-1877): *Eléments d'économie politique pure, ou théorie*

de la richesse sociale.（レオン・ワルラス『純粋経済学要論』手塚寿郎訳、岩波書店、1953-1954年）

Wittgenstein, Ludwig（1953）: *Philosophical Investigations.*（ルートヴィヒ・ヴィトゲンシュタイン『哲学探究』丘沢静也訳、岩波書店、2013年）

池上裕子（2015）：『越境と覇権——ロバート・ラウシェンバーグと戦後アメリカ美術の世界的台頭』三元社。

第2章

Arendt, Hannah（1963）: *Eichmann in Jerusalem: A Report on the Banality of Evil*, Viking Press.（ハンナ・アーレント『イェルサレムのアイヒマン——悪の陳腐さについての報告』大久保和郎訳、みすず書房、1969年）

Camerer, Colin F.（2003）: *Behavioral Game Theory: Experiments in Strategic Interaction*, Princeton University Press.

Chiappori, Pierre-André, Steven D. Levitt, and Timothy Groseclose（2002）: "Testing Mixed-Strategy Equilibria When Players are Heterogeneous: The Case of Penalty Kicks in Soccer," *American Economic Review* 92(4), 1138-1151.

Geanakoplos, John, David Pearce, and Ennio Stacchetti（1989）: "Psychological Games and Sequential Rationality," *Games and Economic Behavior* 1, 60-79.

Greif, Avner（2006）: *Institutions and the Path to the Modern Economy: Lessons from Medieval Trade*, Cambridge University Press.

Milgrom, Paul R., Douglass C. North, and Barry R. Weingast（1990）: "The Role of Institutions in the Revival of Trade: The Law Merchant, Private Judges, and the Champagne Fairs," *Economics and Politics* 2(1), 1-23.

Osborne, Martin J. and Ariel Rubinstein（1994）: *A Course in Game Theory*, MIT Press.

Rabin, Matthew (1993): "Incorporating Fairness into Game Theory and Economics," *American Economic Review* 83(5), 1281-1302.

Smith, Adam (1776): *An Inquiry into the Nature and Causes of the Wealth of Nations*, University of Chicago Press.

Tadelis, Steven (2012): *Game Theory: An Introduction*, Princeton University Press.

Tambe, Milind (2012): *Security and Game Theory: Algorithms, Deployed Systems, Lessons Learned*, Cambridge University Press.

von Neumann, John (1928): "Zur Theorie der Gesellschaftsspiele," *Mathematische Annalen* 100, 295-320.

岡崎哲二 (2005)：『コア・テキスト経済史』新世社。

第3章

Abreu, Dilip and Hitoshi Matsushima (1992a): "Virtual Implementation in Iteratively Undominated Strategies: Complete Information," *Econometrica* 60(5), 993-1008.

Abreu, Dilip and Hitoshi Matsushima (1992b): "A Response to Glazer and Rosenthal," *Econometrica* 60(6), 1439-1442.

Camerer, Colin F. (2003): *Behavioral Game Theory: Experiments in Strategic Interaction*, Chapter 5, Princeton University Press.

Glazer, Jacob and Robert W. Rosenthal (1992): "A Note on Abreu-Matsushima Mechanisms," *Econometrica* 60(6), 1435-1438.

Keynes, John Maynard (1936) *The General Theory of Employment, Interest, and Money*, Macmillan Cambridge University Press.

Mas-Colell, Andreu, Michael D. Whinston, and Jerry R. Green (1995): *Microeconomic Theory*, Chapter 23, Oxford University Press.

Maskin, Eric (1999): "Nash equilibrium and Welfare Optimality," *Review of Economic Studies* 66(1), 23-38.

Matsushima, Hitoshi (2017): "Dynamic Implementation, Verification, and Detection," mimeo.

Osborne, Martin J. and Ariel Rubinstein (1994): *A Course in Game Theory*, Chapter 10, MIT Press.

第４章

Abreu, Dilip and Hitoshi Matsushima (1992): "Virtual Implementation in Iteratively Undominated Strategies: Complete Information," Econometrica 60(5), 993-1008.

Arendt, Hannah (1963): *Eichmann in Jerusalem: A Report on the Banality of Evil*, Viking Press.（ハンナ・アーレント『イェルサレムのアイヒマン――悪の陳腐さについての報告』大久保和郎訳、みすず書房、1969年）

Akerlof, George A. and Rachel E. Kranton (2000): "Economics and Identity," *Quarterly Journal of Economics* 115(3), 715-753.

Matsushima, Hitoshi (2008a): "Role of Honesty in Full Implementation," *Journal of Economic Theory* 139(1), 353-359.

Matsushima, Hitoshi (2008b): "Behavioral Aspects of Implementation Theory," *Economics Letters* 100, 161-164.

Matsushima, Hitoshi (2013) "Process Manipulation in Unique Implementation," *Social Choice and Welfare*, 41(4), 883-893.

Milgram, Stanley (1974) *Obedience to Authority: An Experimental View*, Harper and Row.

Thaler, Richard H. and Cass R. Sunstein (2008): *Nudge: Improving Decisions About Health, Wealth, and Happiness*, Yale University Press.（リチャード・セイラー＋キャス・サンスティーン『実践 行動経済学』遠藤真美訳、日経 BP 社、2009年）

Zimbardo, Philip G., Craig Haney, W. Curtis Banks and David Jaffe (1982) "The Psychology of Imprisonment: Privation, Power, and Pathology," in *Contemporary Issues in Social Psychology*, ed. by J. Brigham and L. Wrightman, Cole Publishing Co.

第5章

Boldrin, Michele and David K. Levine (2008): *Against Intellectual Monopoly*, Cambridge University Press.（ミケーレ・ボルドウィン＋デイヴィッド・K・レヴァイン『〈反〉知的独占——特許と著作権の経済学』山形浩生・守岡桜訳、NTT出版、2010年）

第6章

Vickrey, William (1961): "Counterspeculation, Auctions, and competitive sealed tenders," *Journal of Finance*, vol. 16, issue 1, 8-37.

第7章

Donohue, John J., III and Steven D. Levitt (2001): "The Impact of Legalized Abortion on Crime," *Quarterly Journal of Economics*, 116 (2), pp. 379-420.

Matsushima, Hitoshi (2013) "Process Manipulation in Unique Implementation", *Social Choice and Welfare* 41(4), 883-893.

第9章

Akerlof, George A. (1970): "The Market for Lemons," *Quarterly Journal of Economics* 84(3), 488-500.

Anderson, Lisa R. and Charles A. Holt (1997): "Information Cascade in Laboratory," *American Economic Review* 87(5), 847-862.

Arrow, Kenneth J. (1973): "The Theory of Discrimination," in O. Ashenfelter and A. Rees (eds.), *Discrimination in Labor Markets*, Princeton University Press.

Cassady, Ralph (1967): *Auctions and Auctioneering*, University of California Press.

Fryer, Roland Jr. and Steven Levitt (2004) "The Causes and Consequences of Distinctively Black Names," *Quarterly Journal of Economics* 119(3), 767-805.

Phelps, Edmund (1972): "The Statistical Theory of Racism and Sexism," *American Economic Review* 62(4), 659-661.

Spence, Michael (1973): "Job Market Signaling," *Quarterly Journal of Economics* 87(3), 355-374.

川口大司（2017）：「日本における技能利用の男女差：PIACCを用いた日米英比較からの知見」井伊雅子・原千秋・細野薫・松島斉編『現代経済学の潮流2017』東洋経済新報社。

第10章

Budish, Eric, Peter Cramton and John Shim (2014): "Implementation Details for Frequent Batch Auctions: Slowing Down Markets to the Blink of an Eye," *American Economic Review* 104(1), 418-424.

Budish, Eric, Peter Cramton and John Shim (2015): "The High-Frequency Trading Arms Race: Frequent Batch Auctions as a Market Design Response," mimeo.

Gale, David and Lloyd Shapley (1962): "College Admissions and the Stability of Marriage," *American Mathematical Monthly* 69(1), 9-15.

Lewis, Michael (2014): *Flash Boys* (*A Wall Street Revolt*), W.W. Norton & Co. Inc.（マイケル・ルイス『フラッシュ・ボーイズ：10億分の1秒の男たち』渡会圭子・東江一紀訳、文藝春秋、2014年）

第11章

Abreu, Dilip (1988): "On the Theory of Finitely Repeated Games with Discounting," *Econometrica* 56(2), 383-396.

Axelrod, Robert (1984): *The Evolution of Cooperation*, Basic Books.

Dal Bó, Pedro and Guillaume R. Fréchette (2011): "The Evolution of

Cooperation in Infinitely Repeated Games: Experimental Evidence," *American Economic Review* 101(1), 411-429.

Fudenberg, Drew, David Levine, and Eric Maskin (1994): "The Folk Theorem with Imperfect Public Information," *Econometrica* 62(5), 997-1040.

Fudenberg, Drew and Eric Maskin (1986): "The Folk Theorem in Repeated Games with Discounting or with Incomplete Information," *Econometrica* 54(3), 533-554.

Kayaba, Yutaka, Hitoshi Matsushima, and Tomohisa Toyama (2016): "Accuracy and Retaliation in Infinitely Repeated Games with Imperfect Private Monitoring: Experiments and Behavioral Theory," University of Tokyo.
http://www.econexp.org/hitoshi/

Legros, Patrick and Hitoshi Matsushima (1991): "Efficiency in Partnerships," *Journal of Economic Theory* 55(2), 296-322.

Matsushima, Hitoshi (1989): "Efficiency in Repeated Games with Imperfect Monitoring," *Journal of Economic Theory* 48(2), 428-442.

Matsushima, Hitoshi (1990): "Long-term Partnership in a Repeated Prisoner's Dilemma with Random Matching," *Economics Letters*, 34(3), 245-248.

Matsushima, Hitoshi (2004): "Repeated Games with Private Monitoring: Two Players," *Econometrica* 72(3), 823-852.

Matsushima, Hitoshi (2013): "Interlinkage and Generous Tit-for-Tat Strategy," *Japanese Economic Review* 65(1), 116-121.

Sugaya, Takuo (2012) *The Folk Theorem in Repeated Games with Private Monitoring*, Ph. D. Thesis, Princeton University.

第12章

Akbarpour, Mohammad, Shengwu Li, and Shayan O. Gharan (2014): "Dynamic Matching Market Design," mimeo.

Bergemann, Dirk and Stephen Morris (2016): "Information Design, Bayesian Persuasion, and Bayes Correlated Equilibrium," *American Economic Review: Papers & Proceedings* 106(5), 586-591.

Kamada, Yuichiro and Fuhito Kojima (2015): "Efficient Matching under Distributional Constraints: Theory and Applications," *American Economic Review*, 105(1), 67-99.

Kamenica, Emir and Matthew Gentzkow (2011): "Bayesian Persuasion," *American Economic Review* 101, 2590-2615.

Matsushima, Hotoshi and Shunya Noda (2016): "Mechanism Design in Hidden Action and Hidden Information: Richness and Pure Groves," CIRJE-F-1015.

Sadzik, Tomasz and Ennio Stacchetti (2015): "Agency Models with Frequent Actions," *Econometrica* 83(1), 193-237.

Sannikov, Yuliy (2008): "A Continuous-Time Version of the Principal-Agent Problem," *Review of Economic Studies* 75(3), 957-984.

野田俊也 (2016)「マッチの保留が市場の厚みを生む：動学的なドナー交換腎移植市場デザイン」『経済セミナー』2016年4・5月号。

初出一覧

第1章と第2章は、本書のために新たに書き下ろした原稿である。その他の章は、すでに雑誌に掲載されたものを元にしている。本書は最初から統一的に書かれたものではない。最初の2章の内容を基本方針とし、その他の章を、本の趣旨に合うように、大幅に修正し、加筆した。出典は以下の通りである。

第3章　「ナッシュから履行問題（Implementation）へ：ワンコインが貧困を救う」『経済セミナー』2015年8・9月号、連載「オークションとマーケットデザイン」第16回

第4章　「即席！ 全体主義をデザインする」『経済セミナー』2015年10・11月号、連載「オークションとマーケットデザイン」第17回

第5章　「イノベーション：新しさをひろめる作法」日本銀行『くらし塾きんゆう塾』第33号2015年夏、連載「経済学者がくらしをあばく」第1回

第6章　「オークション：値付けの魔術」日本銀行『くらし塾きんゆう塾』第34号2015年秋、連載「経済学者がくらしをあばく」第2回

第7章　「タブー：越えなければならない壁」日本銀行『くらし塾きんゆう塾』第35号2015年冬、連載「経済学者がくらしをあばく」第3回

第8章　「幸福：よりよいくらしと経済学」日本銀行『くらし塾きんゆう塾』第36号2016年春、連載「経済学者がくらしをあばく」第4回

第9章　「情報の非対称性をめぐる四方山」『経済セミナー』2015年4・5月号、連載「オークションとマーケットデザイン」第14回

第10章　「証券取引の『フラッシュ』メカニズムデザイン：早い者勝ちから遅刻厳禁へ」『経済セミナー』2015年6・7月号、連載「オークションとマーケットデザイン」第15回

第11章　「繰り返しゲームと感情」『経済セミナー』2016年4・5月号、連載「オークションとマーケットデザイン」第18回

第12章　「マーケットデザインとニッポン」『経済セミナー』2016年10・11月号、連載「オークションとマーケットデザイン」第20回

著者紹介

松島 斉（まつしま・ひとし）

1983年東京大学経済学部卒業。1988年東京大学大学院経済学研究科博士課程修了。経済学博士。筑波大学社会工学系助教授、東京大学経済学部助教授、同大学院経済学研究科助教授を経て、2002年から東京大学大学院経済学研究科教授。
理論経済学では最大の国際学会であるエコノメトリック・ソサエティーの終身会員（フェロー）。専門はゲーム理論。メカニズムデザインと繰り返しゲームに主要な貢献がある。

ゲーム理論《りろん》はアート
社会《しゃかい》のしくみを思《おも》いつくための繊細《せんさい》な哲学《てつがく》

2018年1月31日第1版第1刷発行
2018年4月30日第1版第3刷発行

著者	松島 斉
発行者	串崎 浩
発行所	株式会社 日本評論社
	〒170-8474 東京都豊島区南大塚3-12-4
	電話（03）3987-8621［販売］（03）3987-8595［編集］
印刷	精文堂印刷株式会社
製本	株式会社難波製本
装幀	Concent, Inc.
カバーイラスト	岡崎恵理

ISBN978-4-535-55892-2